# ख़्वाहिशें

गज़ल संग्रह

डॉ. रंजना वर्मा

ISBN 978-93-5559-101-2

Published in India 2021 by Pencil

*A brand of*
One Point Six Technologies Pvt. Ltd.
123, Building J2, Shram Seva Premises,
Wadala Truck Terminal, Wadala (E)
Mumbai 400037, Maharashtra, INDIA
**E** connect@thepencilapp.com
**W** www.thepencilapp.com

# Author biography

नाम - डॉ. रंजना वर्मा

जन्म - 15 जनवरी 1952, शहर जौनपुर में ।

शिक्षा - एम.ए. (संस्कृत, प्राचीन इतिहास) पी.एच.डी.(संस्कृत)।

लेखन एवम् प्रकाशन -

वर्ष 1967 से देश की लब्ध प्रतिष्ठ पत्र पत्रिकाओं में, हिंदी की लगभग सभी विधाओं में । कुछ रचनाएँ उर्दू में भी प्रकाशित ।

प्रकाशित कृतियाँ -

साईं गाथा (महाकाव्य)। अश्रु अवलि, सर्जना, समर्पिता, सावन, कैकेयी का मनस्ताप, वैदेही व्यथा, संविधान निर्माता, द्रुपद - सुता, सुदामा,(सभी खण्ड काव्य)। चन्द्रमा की गोद में (बाल उपन्यास), समृद्धि का रहस्य, जादुई पहाड़, मङ्गला, पोंगा पण्डित,(सभी बाल कथा संग्रह), मुस्कान (बाल गीत संग्रह), फुलवारी (शिशु गीत संग्रह)। जज़्बात, ख्वाहिशें, एहसास, प्यास, रंगे उल्फ़त, गुंचा, रौशनी के दिए, खुशबू रातरानी की, ख़्वाब अनछुए , शाम सुहानी, यादों के दीप, मंदाकिनी, आस किरन, बूँद बूँद आँसू (सभी ग़ज़ल संग्रह)। गीतिका गुंजन, सरगम साँसों की, रजनीगन्धा, भावांजलि (गीतिका संग्रह), सत्यनारायण कथा (पद्यानुवाद)। मुक्तक मुक्ता, मुक्तकाञ्जलि, मन के मनके (सभी मुक्तक संग्रह)। दोहा सप्तशती, दोहा मंजरी (दोहा संकलन)। एक हवेली नौ अफ़साने, रास्ते प्यार के, अमला, पायल, अतीत के पृष्ठ, अँजोरिया, मर्डर मिस्ट्री (उपन्यास)। सूर्यास्त, सिंधु-सुता, परी है वो ( कहानी संग्रह )। साँझ सुरमयी, गीत गुंजन, गीत धारा , मीत के गीत, आ जा मेरे मीत,(सभी गीत संग्रह)। बसन्त के फूल (कुण्डलिया संग्रह)। चुटकी भर रंग, जुगनू (दोनों हाइकु संग्रह)। चंदन वन (तांका संग्रह), इंद्रधनुष (चोका संग्रह), मेहंदी के बूटे (सेदोका संग्रह), नयी डगर (वर्ण पिरामिड संग्रह)।

'लौट आओ रुद्र' (उपन्यास का पूर्वार्द्ध) प्रेस में।

सम्पादन -

मन के मोती, मकरंद , सौरभ, मौन मुखरित हो गया (चारो कविता संग्रह ), अँजुरी भर गीत (गीत संग्रह), शेष अशेष (स्मृति ग्रन्थ), हास्य प्रवाह (हास्य व्यंग्य कविताओं का संग्रह, थूकने का रहस्य, करामाती सुपारी (दोनों हास्य व्यंग्य संग्रह)।

प्रसारण -

गीत, वार्ता, तथा कहानियों का आकाशवाणी, फैज़ाबाद से समय समय पर प्रसारण।

सम्मान -

श्रीमती राजकिशोरी मिश्र सम्मान, श्रीमती सुभद्रा कुमारी चौहान स्मृति सम्मान, काव्यालंकार मानद उपाधि, छन्द श्री सम्मान, कुंडलिनी गौरव सम्मान, ग़ज़ल सम्राट सम्मान, श्रेष्ठ रचनाकार सम्मान, मुक्तक गौरव सम्मान, दोहा शिरोमणि सम्मान, सिंहावलोकनी मुक्तक भूषण सम्मान, दोहा मणि सम्मान।

सम्प्रति -

सेवा निवृत्त प्रधानाचार्या( रा0 बा0 इ0 कालेज जलालपुर, जिला अम्बेडकरनगर उ0 प्र0) से।

सम्पर्क सूत्र - ranjana.vermadr@gmail.com

# CONTENTS

# भूमिका

अपने मन के भावों की अभिव्यक्ति काव्य के रूप में करने के लिए अनेक प्रकार की विधाएँ प्रचलित हैं । उन्हीं में से एक है ग़ज़ल। हालांकि पहले ग़ज़ल जाम-ओ-मीना तक ही सीमित थी, परन्तु धीरे धीरे साहित्यकारों ने समाज, परिवेश और युगीन समस्याओं को शामिल करना शुरू किया और आज ग़ज़ल साहित्य की बुलंदियों पर स्थापित है। आज हिन्दी लिपि में ग़ज़ल कहने वालों की तादाद बहुत बड़ी हो गई है । बड़े बड़े मशहूर कवियों ने इस विधा में उत्कृष्ट सृजन किया और सफलताओं के नये आयाम स्थापित किये। उन्हीं में से एक हैं सुश्री रंजना वर्मा जी, जिनका ताज़ा ग़ज़ल संग्रह "ख़्वाहिशें" आप के हाथों में है।

सुश्री रंजना जी ने अपनी ग़ज़लों के माध्यम से जीवन की सच्ची अनुभूतियों और वास्तविक तथ्यों को व्यक्त करने का प्रयास किया है। वास्तव में आज मनुष्य का खोता हुआ

अस्तित्व, भूख, बेरोज़गारी, हिंसा और इन सब के फलस्वरूप उपजने वाले दर्द और पीड़ा के साथ सभी परिस्थितियों में धैर्य, साहस और सहनशीलता आदि से सामंजस्य स्थापित करने का जो प्रयास किया जाना चाहिये उस की अभिव्यक्ति रंजना जी की ग़ज़लों में है। एक उदाहरण देखें -

ज़िंदगी बूँद है ढलना होगा ।

दर्द पर्वत है पिघलना होगा ।।

आँधियाँ आएँ या तूफान उठे,

रात भर दीप को जलना होगा ।।

राह काँटों भरी है मुश्किल भी,

हमको हर हाल में चलना होगा ।।

कविता केवल कल्पना की उड़ान नहीं है । वास्तविकता के धरातल पर जीवन के अच्छे बुरे अनुभवों की यथार्थ संवेदनशीलता की सच्ची अभिव्यक्ति ही कविता है।

देखें -

दर्द उसने बहुत सहा होगा।

तब कहीं जा के कुछ कहा होगा।।

ग़म ने जब तोड़ दी हदें सारी,

अश्क आँखों से तब बहा होगा।।

कहते हैं कि ग़म और मुसीबतें कभी बताकर नहीं आते मगर जब आते हैं तो अपने साथ और तकलीफों को भी ले कर आते हैं ऐसी स्थिति में मनुष्य के हृदय में जो पीड़ा उठती है उसकी भावाभिव्यक्ति रंजना जी ने कैसे की है इसे देखें -

आँखों के घर में अब आँसू ठहरे हैं ।

किससे अपना दर्द कहें सब बहरे हैं ।।

नम आँखें आँसू पीने की हैं आदी,

मेरे दिल के घाव बड़े ही गहरे हैं ।।

और ऐसी परिस्थिति में भी आशावादी सोच का उदाहरण भी देखें -

गर्दिश में दिन कटे मुफलिसी में रातें।

देखे पर आँखों ने ख़्वाब सुनहरे हैं।।

आज कल के व्यस्त समाज में स्वार्थी , निष्क्रिय , निरुद्देश्य जीवन को बोझ समझकर ढोने वाले इंसानों के बीच में ऐसे लोग भी अभी जीवित हैं जो आज भी चिंतन करते हैं , मनन करते हैं और सार्थक सोच रखते हुए विपरीत परिस्थितियों को अनुकूल बनाने के प्रति सजगता से प्रयास करते हैं । उनकी भावना को प्रगट करते हुए रंजना जी की क़लम उनके अंदर के सच्चे साहित्यकार का कर्तव्य निभाने लगती है -

खेत दिलों के मिलकर जोतें,

बीज मुहब्बत का बोना है।।

नफ़रत के कीचड़ में लिपटा,

बस्ती का आँगन धोना है।।

सोच एवं चेतना दोनों की झलक रंजना जी की ग़ज़लों में मिलेगी।

ये मतला और शेर देखें -

तय किया चाँद का यूं सफ़र।

नींद आयी नहीं उम्र भर।।

आग से आशियाँ जल रहा,

हम ही सोते रहे बे ख़बर।।

अपनी कश्ती में ही छेद था,

पार होना पड़ा डूब कर।।

सुश्री रंजना जी एक वरिष्ठ कवियित्री हैं। कहते हैं कि उम्र के साथ ही अनुभव भी बढ़ता जाता है और रचनाओं में ऐसी परिपक्वता होती है कि जिस से आने वाली पीढ़ियों को भी सीखने का सबक मिलता है । और तब रंजना जी की क़लम उठती है और ये सीख देती है । ये मतला और शेर देखें -

दिल में कुछ हौसला अगर होगा।

खुशनुमा जीस्त का सफ़र होगा।।

अब तो पड़ने लगी धरा छोटी,

आसमानों पे अपना घर होगा।।

उग रहे खेत में मकान कई,

अब यहीं पर नया नगर होगा।।

सुश्री रंजना जी ने इस ग़ज़ल संग्रह "ख़्वाहिशें" में ग़ज़लें हिन्दी लिपि में लिखी हैं और उर्दू के शब्दों का प्रयोग भी बहुतायत से किया है। ग़ज़लें बहरों के आधार पर हैं और इनमें

समकालीन कविता, सभ्यता, संस्कृति , समाज के प्रति दायित्व, दिशा और संदेश आदि विषय समाहित हैं।

जिस प्रकार ख़्वाहिशें कभी ख़त्म नहीं होतीं एक पूरी हो तो दो और पैदा हो जाती हैं, मेरी हार्दिक बधाइयाँ एवं शुभकामनाएँ हैं कि उसी प्रकार सुश्री रंजना जी की किताबें एक के बाद एक आती रहें।

आमीन !

अंत में मैं अपने एक मतले के साथ बात समाप्त करता हूँ -

जो डूबा रहता था जाम ओ मीना में, आज बाहर निकल रहा है।

अदब की दुनिया में आज देखो हवाओं का रुख़ बदल रहा है ||

-- मंजुल मंज़र लखनवी

* 9450773238 *

# दो शब्द

प्रिय पाठक वृन्द ,

आज आप लोगो के सम्मुख अपनी रचनाओं का नवाँ पुष्प समर्पित करते हुए अत्यंत हर्ष का अनुभव कर रही हूँ । यह मेरा दूसरा ग़ज़ल संग्रह है । मेरा पहला ग़ज़ल संग्रह ' जज़्बात' आप सभी ने पसन्द किया और मेरा हौसला बढ़ाया । यह मेरी खुशनसीबी रही जिस के लिये मैं तहे दिल से आप सभी की शुक्रगुज़ार हूँ ।

इन्सान की ख्वाहिशों की कोई सीमा नहीं होती । सच यह भी है कि इन बेहिसाब ख्वाहिशों को पूरा कर पाना भी मुमकिन नहीं होता फिर भी ख्वाहिशें तो हमेशा ही मन के कोने में जनमती  ही रहती हैं ।ऐसी ही कुछ ख्वाहिशें , कुछ कल्पनायें , कुछ अरमान ग़ज़ल के रूप में संजो कर आप सभी सुधीजनों के सामने एक बार फिर मौजूद हूँ ।

उम्मीद करती हूँ कि मेरे इस दीवान 'ख्वाहिशें' को भी 'जज़्बात' की तरह ही आप लोगों का प्यार दुलार मिलेगा और तभी मेरी मेहनत सार्थक होगी।

मैं उन सभी का शुक्रिया अदा करती हूँ जिन के सहयोग तथा शुभ कामनाओं की वजह से इस ग़ज़ल संग्रह का प्रकाशन सम्भव हो सका। विशेष रूप से मैं अपने पुत्र पवित्र प्रकाश श्रीवास्तव की आभारी हूँ जिसका सहयोग पाये बिना इस पुस्तक का आकार ले पाना मुमकिन न हो पाता।

- डॉ. रंजना वर्मा

दीपावली

वर्ष 2017

# अनुक्रम

11 - अब कभी रूठ न जाना बारिश

12 - न हो साथ तेरा तो मर जायेंगे हम

13 - सिर्फ आदम नहीं जहान भी था

14 - हिल गयी तन्हाई की बुनियाद क्या

15 - वो हमें कितना भी अजीब रखे

16 - जब भी अल्लाह की रहमत होगी

17 - सुनो साथियों रात होने लगी है

18 - हुआ दर्द क्यों चोट खाने से पहले

19 - पीर ले कर जिन्दगानी में कभी आना नहीं

20 - ये आहें सिसकियाँ आवाज़ मेरे रोने की

21 - जमाना छोड़ तुमसे प्यार करना आ गया हम को

22 - निगाहें यूँ मिलाना चाहता है

23 - जो मिली ज़िंदगी नियामत है

24 - हुई मुद्दत वो मुस्काया नहीं था

25 - कोई मिल जाये मुझे प्यार निभाने वाला

26 - सबक है जिंदगी का याद करना आ गई हम को

27 - फट चुकी हैं चादरें अब तो बदलनी चाहिये

28 - ज़िंदगी के साथ ग़म की धार है

29 - जो गया यूँ अकेला हमें छोड़ कर

30 - किये सवाब का सिला देना

31 - जब से निगाह का तू मेरी नूर हो गया

32 - सिर्फ मैं ज़िंदगी और तुम

33 - किया था प्यार ही शायद तुम्हें भरपूर नहीं

34 - सिर्फ हिम्मत नाम है संसार का

35 - दिल करता रहता याद तुम्हें दिन रात किधर तुम चले गये

36 - दिल में कुछ हौसला अगर होगा

37 - तय किया याद का यूँ सफ़र

38 - गुलदस्तों की भेंट सदा दी पर पत्थर पाये

39 - आँधियों ने है यूँ गुलशन मेरा तबाह किया

40 - यूँ हँसते हैं रोते हैं कराहते हैं

41 - शमा जली गुपचुप आंखों से ढला किये आँसू

42 - तुम ने नग़मे न सुने फिर भी सुनाने हैं मुझे

43 - यादों में यूँ ही रहना

44 - दर्द उस ने बहुत सहा होगा

45 - चाँद आधा बड़ा सुहाना है

46 - जिंदगी बूँद है ढलना होगा

47 - जो मिली ज़िंदगी नियामत है

48 - अरमाँ जलते हैं कुछ ख़्वाब मचलते हैं

49 - मेघ खण्ड ले बलखाता सावन आया

50 - माँ बिना और प्यार कौन करे

51 - किसी दुश्मन से वादा क्यों करें हम

52 - हो मौत सामने तो क्या काम मुहब्बत का

53 - हम को रुसवा बहुत किया तुम ने

54 - बिना तुम्हारे गुमसुम रहना अच्छा लगता है

55 - उसके वादे पे ऐतबार किया

56 - बहुत अजीज़ का होता यूं एहतराम नहीं

57 - दुनियाँ में हम अपने खयाल बाँट रहे हैं

58 - मिल ही पाती न राह है कोई

59 - हमको हर सुबह से हर शाम से डर लगता है

60 - कितने शाम सहर देखे

61 - दिल तो छलनी हुआ गम से सुकूँ पाने आया

62 - बिन समन्दर रहा नहीं जाता

63 - मुहब्बत में कोई सयाना नहीं है

64 - आ भी जा पास अब मेरे मोहन

65 - जीवन मे हर मोड़ न मिलता मनभाया

66 - नज़र ये तुम्हारी कटारी लगे

67 - सोच कर पाँव अपने उठाया करो

68 - किसी दुश्मन से वादा क्यूँ करें हम

69 - तमन्ना थी कभी मेरी गली से भी सनम निकले

70 - जो गया मुँह फेर कर उसको कहाँ ढूँढ़ूँ

71 - है दहलीज़ हुई गिरवी तब जश्न मनाये कौन

72 - इन्तेहा है जुल्म की अपना निशां बदलूँ

73 - चाँद तारों में ज्योती रहेगी

74 - वक्त की गुमनामियाँ ढूंढा किये

75 - दे के फुरकत जो नज़र हुस्न ने फेरी होगी

76 - शायर हैं शायरी के अदब भूल चुके हैं

77 - चाँद रूठा बिचारा तुम्हारे लिये

78 - पीर बनती है हिमाला अब पिघलनी चाहिये

79 - श्वांस की बज रही दुन्दुभी है अभी

80 - अगर तू साथ दे दे तो मैं तेरी हर किस्म रख लूँ

81 - दर्द सीने में जब उठा होगा

82 - खड़ी हूँ मैं द्वार पर तुम्हारे न जाने तुमको कब ध्यान आये

83 - तुम जो आओ भर आ जाये

84 - अफसाने मुहब्बत के सुनाये नहीं जाते

85 - आँखों के घर में कब आँसू ठहरे हैं

86 - एक न एक दिन यह होना है

87 - आपसे रूठ कर किधर जाएँगे

88 - उल्फ़त का तेरे सामने इज़हार कर दिया

89 - ये अचानक ही क्या माज़रा हो गया

90 - गये दूर उनको ज़माने हुए हैं

91 - कुछ तो जीने का बहाना चाहिये

92 - आकर जो चली जाए न ऐसी बहार दे

93 - तुझको अपने क़रीब पाया है

94 - आप क्यों इस तरह हैं खफ़ा हो गये

95 - हमें हैं इश्क़ में ये दूरियाँ अच्छी नहीं लगतीं

96 - किस जगह सर है झुका याद नहीं

97 - पाँव चलते हुए थके हैं अब

98 - कब नज़ारों को नींद आती है

99 - सब झगड़े बेदम हो जायें

100 - तुम्हारी जीत मेरी हर नहीं बन पायी

101 - यादों का सिलसिला दूर तक

# 1

तेरी बातों में तेरे प्यार की खुशबू आये ।
तेरे इनकार में इक़रार की खुशबू आये ।।

नाम सुन कर तेरा आ जाये चमक आँखों मे
हर हँसी में मेरे दिलदार की खुशबू आये ।।

तिरछी नज़रों से मुझे देख ले इक बार जो तू
तेरी नज़रों से भी इसरार की खुशबू आये ।।

छू के आ जाये तेरे देश को जो बागे सबा
उस हवा में तेरे सिंगार की खुशबू आये ।।

राम लग जाये गले बढ़ के ग़र रहीम के तो
उस मिलन से नयी त्यौहार की खुशबू आये ।।

साथ मिल कर जो चलें रास्ते आसान बनें
सुर्ख खारों से भी बहार की खुशबू आये ।।

साँवरे तेरे हर इक रूप पे कुर्बान हूँ मैं
दिल पे तेरे ही इख़्तियार की खुशबू आये ।।

तुझ को नयनों की कुठरिया में कैद कर के रखूँ
जब भी चाहूँ तेरे दीदार की खुशबू आये ।।

मेरे दिल मे तू बसा है मेरी धड़कन की जगह
तुझ को पा के मेरे किरदार की खुशबू आये ।।

## 2

खुली आँखों में सपना छा रहा है।
तुम्हीं से कोई तुम को माँगता है ।।

झलक इक बार जो पा ले तुम्हारी
तुम्हारे ही विषय मे सोचता है ।।

बना तस्वीर ले मन का चितेरा
तुम्हे ही मीत अपना मानता है ।।

नहीं कुछ भी छिपाता पीठ पीछे
हमेशा आईना सच बोलता है ।।

बंधी है न्याय की आँखों पे पट्टी

किसी का पक्ष वो कब देखता है ।।

नजर में हैं सभी जिस की बराबर

उसे रब कह जमाना पूजता है ।।

नहीं है स्वार्थ के हाथों है बिका जो

उसे संसार सारा चाहता है ।।

घिरे हैं आसमाँ में मेघ काले

किसानों को इन्हीं का आसरा है ।।

हजारों रँग देखे जिंदगी के

कोई अच्छा है तो कोई बुरा है ।।

## 3

प्यार का गीत गुनगुना तो सही ।

जिंदगी के करीब आ तो सही ।।

जिंदगी ख्वाब है सुहाना सा

अपनी आँखों मे तू बसा तो सही ।।

साथ देने को लोग आयेंगे

दो कदम राह पर बढ़ा तो सही ।।

जिंदगी खुशगवार हो जाये

संग फूलों के मुस्कुरा तो सही ।।

मंजिलें खुद करीब आयेगी

एक रस्ता नया बना तो सही ।।

मिट ही जायेंगी नफ़रतें सारी

दूध पानी सा दिल मिला तो सही ।।

चाँद फिर रौशनी लुटायेगा

रुख से घूँघट जरा हटा तो सही ।।

# 4

खुशी पायी लबों पर फिर हँसी का राज तो आया।
तुम्हे भी जिंदगी का इक नया अंदाज़ तो आया।।

लिये टूटे हुए पंखों को धरती पर घिसटते थे
उन्हें करना गगन में आज फिर परवाज़ तो आया।।

जुबानें गुंग लब खामोश जीते डर के साये में
उन्हें मुँह खोलना देना कभी आवाज़ तो आया।।

खिलें जब फूल भँवरे गुनगुनाये गीत भी गाये
सुरों में फिर पपीहे के अनोखा साज तो आया।।

सुहाने पंख मोरों के करें श्रृंगार कान्हा का
कभी सर पर मयूरों के रँगीले ताज तो आया ।।

सताता था गरीबों को उड़ाता था हँसी उन की
यनहीं के द्वार पर वो जब हुआ मुहताज तो आया ।।

हरे जो पीर औरों की वही इंसान है सच्चा
इरादा है गलत जिस का वो उस से बाज तो आया ।।

## 5

नहीं जिंदगानी  से वो हारते हैं ।

सदा मौत को हाथ मे धारते हैं ।।

हमेशा खड़े तान के अपना सीना

दिखे शत्रु तो उसको ललकारते हैं ।।

लगे ही रहे देश - सेवा में हरदम

दिलो जान हम देश पर वारते हैं ।।

रहे हैं सदा सत्य का साथ देते

हृदय में छिपे झूठ को मारते हैं ।।

महकती रहें घाटियाँ फूल वाली

चमन में भ्रमर बन के गुंजारते हैं ।।

हमारे लिये है पराया न कोई

सभी के लिये स्नेह संचारते हैं ।।

अगर प्यार है तो गले से लगा लें

करे दुश्मनी उस को संहारते हैं ।।

# 6

जिंदगी में प्यार पाना आ गया ।

दर्द से रिश्ता निभाना आ गया ।।

जब दरश पाया कन्हैया श्याम का

आँख को सपने सजाना आ गया ।।

जब बहारों के कदम भू पर पड़े

फूल को भी मुस्कुराना आ गया ।।

खोल घूँघट नाचने बरखा लगी

इंद्रधनु को रँग लगाना आ गया ।।

ठोकरों से सीख ये हम को मिली

आपदा से सर बचाना आ गया ।।

फेर मुख रिश्ते लगे जब टूटने

ईश के दर सिर झुकाना आ गया ।।

मंजिलें खुद हैं इशारे कर रहीं

राह पर जब पग बढ़ाना आ गया ।।

# 7

कान में आ के हवाओं ने कहा हो जैसे ।
उसने चुपके से मेरा नाम लिया हो जैसे ।।

फूल सहमे हुए हैं आज सभी गुलशन के
हादसा कोई सरे आम हुआ हो जैसे ।।

बोल कर झूठ वो सिर इस तरह उठाता है
कोई दुनियाँ का बड़ा काम हुआ हो जैसे ।।

है हँस रहा वो फिसलकर के गिर गया फिर भी
हर किसी का यही अंजाम हुआ हो जैसे ।।

हम को हर बार सजा देती है लापरवाही
हम यूँ रहते हैं कभी भी न सुना हो जैसे ।।

बढ़ी ही जा रहीं तारीकियाँ हैं राहों में
कोई दीपक यहाँ कभी न जला हो जैसे ।।

जा रहा दूर मुसाफ़िर है खुद में खोया हुआ
उस की तक़दीर में चलना ही लिखा हो जैसे ।।

## 8

वो जो कहते हैं तेरे साथ ही मर जायेंगे ।

सब बुरे वक्त में कश्ती से उतर जायेंगे ।।

हमनिवाला थे जो वो साथ सभी छोड़ गये

राह अनजान है ना जाने किधर जायेंगे ।।

एक दिन वक्त बुरा तो है सभी का आता

साथ तक़दीर जो देगी तो सँवर जायेंगे ।।

दिल पे हैं नक्श तबाही के खौफ़नाक निशां

कौन कहता है कि तूफ़ान से डर जायेंगे ।।

यूँ न घबराओ वक्त ये भी गुज़र जायेगा

जख़्म कैसे भी हों इक रोज़ ये भर जायेंगे ।।

चंद वो लोग जो दहशत की तिज़ारत करते

आग में अपनी जलेंगे तो सुधर जायेंगे ।।

फूल से बन के जियें इतनी दुआ करते हैं

खुशबुएँ अपनी लुटाएँगे बिखर जायेंगे ।।

## 9

भावनाओं की जमी जो बर्फ गलनी चाहिये ।
पत्थरों से नेह की गंगा निकलनी चाहिये ।।

दहशतों के दौर में सहमा हुआ हर आदमी
किन्तु अब संसार की सूरत बदलनी चाहिये ।।

सामने मंजिल दिखेगी हों कदम मजबूत तो
लड़खड़ाहट पाँव की अब तो सँभलनी चाहिये ।।

है बड़ा निर्लज्ज दुश्मन रोज हमले कर रहा
क्रोध की अब तो अगन सीने में जलनी चाहिये ।।

दुश्मनों की दृष्टि से घायल हमारी अस्मिता

अब हमारी ओर से बन्दूक  चलनी चाहिये ।।

छँट ही जायेंगी  गगन में हैं घिरीं जो बदलियाँ

एक आशा की किरन दिल मे मचलनी चाहिये ।।

सिर्फ परवाने  जलें  यह  तो  बड़ा अन्याय है

साथ उन के  मोमबत्ती  भी  पिघलनी  चाहिये ।।

## 10

अश्क़ आँखों से यूँ न ढल जाये ।
जिंदगी मोम सी पिघल जाये ।।

दर्द ए दिल को हिमाला न बना
साथ इस के न कहीं गल जाये ।।

मत उदासी को हमसफ़र समझो
पीर आँखों में न यूँ पल जाये ।।

यत्न कुछ ऐसा करो दुनियाँ में
दिल तुम्हारा भी तो बहल जाये ।।

राह जीवन की है कठिन बेहद

लड़खड़ाये मगर संभल जाये ।।

रास्तों पर बहुत अँधेरा है

एक दीपक ही कहीं जल जाये ।।

फँस भी जाये किसी मुसीबत में

कर के कोशिश मगर निकल जाये ।।

# 11

अब कभी रूठ न जाना बारिश ।

तुम मेरे देश मे आना बारिश ।।

है किया जो जमीन से वादा

अपने वादे को निभाना बारिश ।।

झूमकर बरस जाओ खेतों में

प्यास धरती की बुझाना बारिश ।।

ताकतीं नभ किसान की आँखें

और उन को न सताना बारिश ।।

कभी  धीरे या कभी झूम गिरे

पर कभी बाढ़ न लाना बारिश ।।

भीग जाये हमारा तन मन भी

ग्रीष्म का ताप मिटाना बारिश ।।

मन के सूखे हुए मरुस्थल पर

तृप्ति की बूंद  गिराना बारिश ।।

# 12

न हो साथ तेरा तो मर जायेंगे हम ।
तुम्हारे सिवा अब किधर जायेंगे हम ।।

सदा जिंदगी इम्तेहां ले रही है
न इन इम्तहानों से डर जायेंगे हम ।।

बहुत मुश्किलें हैं हर इक सिम्त साथी
जरा हाथ थामो सँवर जायेंगे हम ।।

अगर साथ देंगी कँटीली ये राहें
शहर छोड़ कर गांव घर जायेंगे हम ।।

अकेली डगर है न कोई सहारा

करेंगे जो हिम्मत गुज़र जायेंगे हम ।।

हमें तुम न पीछे से आवाज़ देना

यूँ ही जाते जाते ठहर जायेंगे हम ।।

तुम्ही राहबर बन गये जिंदगी के

जिधर अब कहोगे उधर जायेंगे हम ।।

## 13

सिर्फ़ आदम नहीं जहान भी था।

जीस्त था महफिलों की जान भी था।।

हैं फ़सीलें लटकती दीवारें

ये कह रहीं यहाँ मकान भी था।।

बेवफ़ाई थी उन की आँखों में

इश्क़ से हुस्न बदगुमान भी था।।

जिंदगी से जो उम्र भर जूझा

था वो अजीब भी अनजान भी था।।

बेच पाया न जो गैरत अपनी

आदमी भी था वो इंसान भी था ।।

आख़िरी मोड़ पहुँच कर जाना

यह सफ़र एक इम्तेहान भी था ।।

उस ने साया हटा लिया सिर से

तब लगा सिर पे आसमान भी था ।।

# 14

हिल गयी तनहाई की बुनियाद क्या ।
आ रहे हैं हम उन्हें भी याद क्या ।।

जब कि अपने ज़ुल्म करने आ गये
फिर करे मज़लूम ये फ़रियाद क्या ।।

खो गये रंगीनियों में जब सनम
हम हुए आबाद क्या बर्बाद क्या ।।

जिस शज़र को छोड़ कर हम आ गये
हो गये पंछी वहाँ आबाद क्या ।।

है किसे फ़ुर्सत सुने जो दास्ताँ

क्या कहें पहले कहें हम बाद क्या ।।

जा रही बुलबुल है गुलशन छोड़ कर

आ गया है बाग़ में सैयाद क्या ।।

एक ही जुमला वो दोहराता रहा

अब करें हम वाह क्या दें दाद क्या ।।

## 15

वो हमें कितना भी अजीब रखे।

पर ख़ुदा हम को खुशनसीब रखे ।।

हम वो जज़्बात कहाँ से लायें

जो हमें आप के क़रीब रखे ।।

जेब ख़ाली हो दिल न ख़ाली हो

हाथ भर कलेजा गरीब रखे ।।

सर पे हो हाथ बड़े लोगों का

हों दुआएँ जहाँ नसीब रखे ।।

खुशबुओं से वो बदगुमान रहे

ख़्वाब में हाथ में सलीब रखे ।।

जिसे तालीम से न मतलब हो

घर में वो भी तो कुछ अदीब रखे ।।

रात में शम्मा जलाने के लिये

हर घड़ी आग को करीब रखे ।।

## 16

जब भी अल्लाह की रहमत होगी ।

किस में कुछ कहने की हिम्मत होगी ।।

जो गुनहगार था वो छूट गया

अब किसी और कि शामत होगी ।।

हर कोई साथ है बारूद लिये

जिंदगी किस की सलामत होगी ।।

बन के वो अश्क़ आँख से टपका

और अब कितनी मलामत होगी ।।

इक घड़ी में ही है बदल जाता

ये भी अब कोई अलामत होगी ।।

जब से है आँख फिरा ली तुम ने

हमको लगता है क़यामत होगी ।।

जब कभी भी जमेगी महफ़िल तो

बात सब उस की ही बाबत होगी ।।

## 17

सुनो साथियों रात होने लगी है।

गगन चाँद से बात होने लगी है ।।

जरा इस हिमालय से ही पूछ देखो

कहाँ शत्रु की घात होने लगी है ।।

जहाँ फूल की घाटियाँ थीं महकती

वहाँ बम की बरसात होने लगी है ।।

दिया प्यार हम ने मिठाई से मीठा

हमें मौत सौगात होने लगी है ।।

बहुत दिन रही दुश्मनी थी दिलों में

मगर अब मुलाकात होने लगी है ।।

लगाया सदा आम उगते हैं काँटे

अजब ये करामात होने लगी है ।।

कदम साथियों अब संभल कर बढाना

कहीं शह कहीं मात होने लगी है ।।

## 18

हुआ दर्द क्यों चोट खाने से पहले ।
सुकूँ जिन्दगानी में पाने से पहले ।।

झलक एक अपनी दिखा दे मुझे भी
किसी और के पास जाने से पहले ।।

न बेकार जाये मेरी ज़िंदगानी
चला आये ग़र तू बुलाने से पहले ।।

मुहब्बत बड़ी खूबसूरत सी शै है
इसे जान ले दिल लगाने से पहले ।।

जरूरी है रिश्तों की तामीर लेकिन

तनिक सोच रिश्ता बनाने से पहले ।।

जरा अपने दामन को भी देख ले तू

वफ़ायें मेरी आजमाने से पहले ।।

मुहब्बत की हूँ एक बहती नदी मैं

समझ ले तू डुबकी लगाने से पहले ।।

निशाना बना कौन है देख लेना

निगाहों का जादू चलाने से पहले ।।

दहकती नदी आग की सामने है

संभल जा जरा पास जाने से पहले ।।

## 19

पीर लेकर जिन्दगानी में कभी आना नहीं ।
दूर मेरी जिंदगी से अब कभी जाना नहीं ।।

सामने मंजिल दिखायी दे रही डरता है क्यों
मुश्किलें हों लाख पर रस्ता ये अनजाना नहीं ।।

प्यार से जो भी मिले माथे लगा रख लीजिये
जो गंवा गैरत मिले कहते उसे पाना नहीं ।।

यूँ तो मिल जाते डगर में राहबर कितने मगर
हैं सभी अनजान चेहरे कोई पहचाना नहीं ।।

रह गयी बन कर अधूरी जिंदगी जैसे ग़ज़ल

कब मुकम्मल हो सकेगी यह कभी जाना नहीं ।।

रोज़ रुख लेना बदल इंसान की फ़ितरत है ये

दुश्मनी नादान मत पर दोस्त भी दाना नहीं।।

हर किसी की जिंदगी है अनसुनी एक दास्ताँ

कोई फिर भी मानता इस को है अफ़साना नहीं ।।

## 20

ये आहें सिसकियाँ आवाज़ मेरे रोने की ।
यक़ीन मुझ को दिलाती हैं मेरे होने की ।।

कभी वो माँ कभी बहन तो कभी बेटी थी
जो आज बन गयी चादर किसी बिछौने की ।।

वो कद निकाला है उस ने कि हो गया ऊँचा
उसे ज़मीन भी लगती है शक्ल बौने की ।।

वजूद अपना पराया सा लग रहा है क्यों
उसे दहशत सी क्यों होती है खुद को खोने की ।।

जवाब दे रहे हैं वो हज़ार किश्तों में

सवाल कोशिशें हैं आबरू को ढोने की ।।

रुकें न अश्क़ कोशिशें हज़ार भी कर लूँ

उन्होंने खायी कसम आँख को भिगोने की ।।

खुलीं ये झील की आँखें फ़लक को देख रहीं

करें कोशिश ये दिल में चाँद को समोने की ।।

## 21

जमाना छोड़ तुम से प्यार करना आ गया हम को।
तुम्ही से बात मोहन दिल की कहना आ गया हम को ।।

तुम्हारे ही खयालों में जिये हम जा रहे अब तक
बुला सपनों में तुम को आज मिलना आ गया हम को ।।

चले आओ कन्हैया बिन तुम्हारे दिल नहीं लगता
तुम्हारा नाम है दिन रात भजना आ गया हम को ।।

न करते लोग गो पालन भुलाया धर्म है सब ने
नदी के स्वच्छ जल में मैल भरना आ गया हमको ।।

कभी था श्याम ने वृन्दा - विपिन वंशी का सुर छेड़ा

उसी की काल्पनिक लय पर थिरकना आ गया हम को ।।

दिया रणभूमि में तुम ने कभी था ज्ञान गीता का

बहकते पाँव लेकिन अब संभलना आ गया हम को ।।

चले आओ यहाँ अब कौरवों का बोलबाला है

तुम्हारे ही सहारे किन्तु चलना आ गया हम को ।।

## 22

निगाहें यूँ मिलाना चाहता है ।

कि जैसे आजमाना चाहता है ।।

सदा हमदर्दियों की दे दुहाई

मुझे अपना बनाना चाहता है ।।

नज़र में ख्वाब है जो एक अटका

उसे सच्चा बनाना चाहता है ।।

अमीरी है जहाँ नाकाम होती

मुफ़लिसी को भुनाना चाहता है ।।

खुदा जाने उठा तूफ़ान कैसा

जो कश्ती को डुबाना चाहता है ।।

हमारे दरमियाँ हैं फ़ासले जो

उन्हें ही अब मिटाना चाहता है ।।

शमा जलती रही है रात सारी

अँधेरा पास आना चाहता है ।।

## 23

जो मिली जिंदगी नियामत है ।

प्यार के बोल भी इबादत है ।।

दे जरा सी खुशी बदल जाना

वक्त की ये ही बुरी आदत है ।।

ओस है काँप रही फूलों पर

की हवाओं ने कुछ शरारत है ।।

सरहदों पर हैं जो हुए कुर्बां

याद उन की हमे शहादत है ।।

चश्म ए नम पे न इल्ज़ाम कोई

अश्क़ आंखों की ही विरासत है ।।

थरथराते हैं होंठ फूलों के

तितलियों में बड़ी नज़ाकत है ।।

झींसियां गिर रही हैं थम थम के

इन घटाओं में भी नदामत है ।।

## 24

हुई मुद्दत वो मुसकाया नहीं था।

किसी का सर पे सरमाया नहीं था।।

बरसतीं झूम कर काली घटायें

अभी सावन मगर आया नहीं था।।

हमेशा घेर लेतीं मुश्किलें पर

कभी तूफ़ान का साया नहीं था।।

सहारा आज लेता लाठियों का

किसी अपने से तो पाया नहीं था।।

निगाहों से रहा मस्ती लुटाता
जवानी ने क़हर ढाया नहीं था ।।

जरा अब लग्ज़िशें अपनी सँभालो
तुम्हे राहों ने भरमाया नहीं था ।।

बहुत चर्चा हुआ बातें बहुत कीं
नतीजा पर तुम्हें भाया नहीं था ।।

तड़प थी गर्मियाँ झुलसा रही थीं
घना बादल कहीं छाया नहीं था ।।

न था नजरें फिराना उन का वाज़िब
पपीहे ने तो कुछ गाया नहीं था ।।

## 25

कोई मिल जाये मुझे प्यार निभाने वाला।
बढ़ के आगे न कभी पाँव हटाने वाला।।

रोज़ महके मेरी रातों में रात की रानी
संदली लाये हवा ख्वाब दिखाने वाला।।

रूठ कर बैठ रहें घर के किसी कोने में
कोई मिल जाये हमें काश मनाने वाला।।

आज यादों के खजाने से चलो कुछ ढूँढे
कोई लम्हा हो कहीं दिल को लुभाने वाला।।

जो सँभाले मेरी अना वो आइना है कहाँ

है नहीं कोई मेरा रूप सजाने वाला ।।

लोग तैयार हैं हँसने को यहाँ शामो सहर

बोझ गम का ही नहीं कोई उठाने वाला ।।

ये जमाना तो न बदला है किसी की खातिर

रूप अपना लिया हमने ही जमाने वाला ।।

# 26

सबक है जिंदगी का याद करना आ गया हम को ।

फिसलते पाँव हैं फिर भी सँभलना आ गया हम को ।।

पड़ोसी है हमारी सरहदों को छेड़ता रहता

उसी की भाँति अब उस से निपटना आ गया हम को ।।

उधर कौरव इधर से शल्य हम को घेरने आये

उन्हें उन की धरा पर ही रगड़ना आ गया हम को ।।

नहीं कोई ठिकाना सैनिकों की ज़िन्दगानी का

सुहागिन बन विपद में धैर्य रखना आ गया हम को ।।

मुसीबत में न कोई साथ देता सुख के सब साथी

परायों में भी अपनों को परखना आ गया हम को ।।

सदा गतिशील रहना जिंदगी का मंत्र होता है

नदी की धार सा अब तो मचलना आ गया हम को ।।

अजब है जिंदगी पल पल बदलती रूप है अपना

कि अब हर रूप में खुद को बदलना आ गया हम को ।।

# 27

फट चुकी हैं चादरें अब तो बदलनी चाहिये ।

हो भले काँटों भरी पर राह चलनी चाहिये ।।

छँट चली हैं सर्दियाँ औ गुनगुनी सी धूप है

सर्द क़रतीं जिस्म को वह बर्फ़ गलनी चाहिये ।।

बदलियाँ छँटने लगी हैं मुस्कुरायी जिंदगी

अश्क़ से धुल कर नयी सूरत निकलनी चाहिये ।।

सब्र हम ने ही किया कुछ हम जलें कुछ तुम जलो

अब सभी के दिल जिगर में आग जलनी चाहिये ।।

सिर्फ़ पानी है नहीं गर्दिश रगों में कर रहा

अब रगों में चिनगियाँ फिर से मचलनी चाहिये ।।

ठिठकने या डगमगाने का नहीं अब वक्त है

पाँव की लग्ज़िश मेरे अब तो सँभलनी चाहिये ।।

और कितने दिन रहें खामोश गंगा औ जमन

मौज इस दरिया की हर अब तो उबलनी चाहिये ।।

## 28

ज़िंदगी के साथ ग़म की धार है ।
अश्क़ मत ढालो यहाँ बेकार है ।।

चोंच में तिनका लिये पंछी फिरा
उस बिचारे का यही घर बार है ।।

झोंपड़ी छप्पर इमारत या कोई
रोटियों का हर जगह व्यवहार है ।।

पत्थरों पर है पछाड़ें खा रही
मौज सागर की यही तो प्यार है ।।

है खुशी मेहमान बन आती यहाँ

जब लगी ठोकर  कहा संसार है ।।

दर्द की दुलहन उठाये पालकी

ज़िंदगी ग़म का भरा बाज़ार है ।।

बोलियाँ  लगतीं  यहाँ  ईमान  की

हर बशर बिकने को अब तैयार है ।।

## 29

जो गया यों अकेला हमें छोड़ कर।
मिल भी जाये कहीं फिर किसी मोड़ पर ।।

एक जुम्बिश हवा ने जो ली ढह गया
तिनका तिनका बनाया था घर जोड़ कर ।।

जिस की तस्वीर दिल से लगाये रहे
कैसा बदला लिया स् ने दिल तोड़ कर ।।

आँसुओं से लिखी गम की तहरीर थी
मेज पर रख दिया उस ने ख़त मोड़ कर ।।

यूँ शिकस्ता सा हो कर न तू मुँह छिपा

उठ कि फिर ज़िंदगी से नयी होड़ कर ।।

और कुछ मत कहो बस ये वादा करो

फिर न जाओगे तुम यों हमें छोड़ कर ।।

बेदिली से है बातें वो करने लगा

क्या मिलेगा उसे हम से मुँह मोड़ कर ।।

## 30

किये सवाब का सिला देना ।

मुझे महबूब से मिला देना ।।

ये जामे इश्क़ है सनम मेरे

जरा ले हाथ में पिला देना ।।

तड़प तड़प के न मर जायें कहीं

तुम ही आवाज़ दे जिला देना ।।

तमाम उम्र इंतज़ार किया

न अब ग़मों का सिलसिला देना ।।

छुई मुई नहीं जो मर जायें

छुअन से दिल मेरा खिला देना ।।

तुम्हारे पास तो समन्दर है

मुझे इक बूँद ही पिला देना ।।

जला रहा है ग़मे हिज्र मुझे

न यों ही ख़ाक में मिला देना ।।

## 31

जब से निगाह का तू मेरी नूर हो गया।
हर शै से ज़िंदगी के ये दिल दूर हो गया ।।

हम को तो अपने गैर का कुछ होश ही नहीं
अब सोच रहे हैं कि क्या हुजूर हो गया ।।

सोचा था कभी हम ने मुहब्बत न करेंगे
अनजाने ही हम से यही कुसूर जो गया ।।

कुछ चश्मे नम न कह स्की कुछ गुंग थी जुबां
लेकिन वो समझते हैं कि मग़रूर हो गया ।।

कुछ लोग रब के खौफ़ से बन बैठे नमाज़ी

उन को भी जामे इश्क़ का सुरूर हो गया ।।

तुम ख्वाब हो जन्नत का तो गुरबत के लाल हम

रिश्ता यहाँ कुछ तो मगर जरूर हो गया ।।

तस्वीर सचाई की था जो पेश कर रहा

शीशा वो गिरा हाथ से औ चूर हो गया ।।

## 32

सिर्फ़ मैं ज़िंदगी और तुम ।

हो गयी बेरुखी और कम ।।

तुम ने मुड़ कर पुकारा मुझे

हो गयी  आँख मेरी भी नम ।।

एक पल में ये क्यूँकर हुआ

हो गये  आप  मैं  कैसे  हम ।।

दोष मत दो किसी और को

और भी  हैं  ज़माने में  ग़म ।।

हम थे रहबर जिन्हें मानते

अब वही कर रहे हैं सितम ।।

अपने ही जब पराये हुए

किस से उम्मीद कैसा रहम ।।

जो लगाते रहे बंदिशें

था ख़ुदा का उन्हीं पर करम ।।

## 33

किया था प्यार ही शायद तुम्हें भरपूर नहीं ।

हुए हो दूर मगर दिल से बहुत दूर नहीं ।।

बनाते लोग हैं बातें हज़ार उस के लिये

हैं वो ये जानते साथी मेरा मग़रूर नहीं ।।

सिखा दिया जो हुनर तुम ने इस जमाने को

हुए मशहूर तुम्हीं हम हुए मशहूर नहीं ।।

कहा करते हैं न जाने क्या ज़माने वाले

हुए हैं हम भी ज़माने से तो मशकूर नहीं ।।

पड़ी है पाँव में जंजीर जिन्दगानी की

हुए मजबूर मगर तुम तो हो मजबूर नहीं ।।

नहीं उम्मीद कोई तुम से है मिल पाने की

अगरचे ख्वाब के आईने हुए चूर नहीं ।।

जो एक बूँद पी ता उम्र न खोलीं आँखे

नशा ए इश्क़ है शराब का सुरूर नहीं ।।

## 34

सिर्फ़ हिम्मत नाम है संसार का ।

एक किस्सा फूल का औ ख़ार का ।।

आँधियाँ नफ़रत की हैं उठने लगीं

अब जला लो एक दीपक प्यार का ।।

हैं बहाने तो कई इनकार के

लफ्ज़ है बस एक ही इक़रार का ।।

एक चिनगारी दबी है राख में

दो हवा शोला बने अंगार का ।।

चश्मे नम में अनगिनत सैलाब हैं

एक मौका तो मिले  इज़हार का ।।

जो लहर साहिल से टकराती रही

बन गयी हिस्सा वही मंझधार का ।।

उड़ रहे पत्ते खिज़ा के  चाहते

एक झोंका आये फ़सले बहार का ।।

# 35

दिल करता रहता याद तुम्हें दिन रात किधर तुम चले गये ।
होती रहती है आंखों से बरसात किधर तुम चले गये ।।

किस्मत न हमारी थी ऐसी तुम अर्थी को देते काँधा
पहले ही छुड़ा कर के हाथों से हाथ किधर तुम चले गये ।।

दिन भर तपते अहसासों में ढूंढ़ा करते साया तेरा
करवटें बदलते ढल जाती है रात किधर तुम चले गये ।।

धुंधुआये सब अरमान सुलगता है दिल गीली लकड़ी सा
हैं झुलस गये अब तो सारे जज़्बात किधर तुम चले गये ।।

जो जिये नहीं खुद की खातिर औरों के लिये जनम हारे
दुनियाँ तो उन को ही देती है मात किधर तुम चले गये ।।

रहने का हरदम साथ किया था तुम ने जन्मों का वादा
हम को यूँ दे कर विरहा की सौग़ात किधर तुम चले गये ।।

थिर होने को सागर की लहरें देखो पल पल मचल रहीं
जीवन तो है अब जैसे झंझावात किधर तुम चले गये ।।

## 36

दिल में कुछ हौसला अगर होगा ।

खुशनुमा जीस्त का सफ़र होगा ।।

जब घिरेगी कोई घटा ग़म की

उन के काँधे पे मेरा सर होगा ।।

हर कदम को सँभाल कर रखना

रास्ते में कहीं पत्थर होगा ।।

अब तो पड़ने लगी धरा छोटी

आसमानों पे अपना घर होगा ।।

उग रहे खेत में मकान कई

अब यहीं पर नया नगर होगा ।।

मुफ़लिसी यों कि अब मसर्रत का

कोई लम्हा न मयस्सर होगा ।।

है दुआ ही तो असरदार नहीं

बद्दुआओं में भी असर होगा ।।

# 37

तय किया याद का यूँ सफ़र ।

नींद आयी नहीं उम्र भर ।।

आग से आशियाँ जल रहा

हम ही सोते रहे बेखबर ।।

जिस को आना था आया नहीं

शम्मा जलती रही रात भर ।।

अपनी कश्ती में ही छेद था

पार होना पड़ा डूब कर ।।

मुद्दतों तक हैं देखा किये

चाहतों का सुलगता नगर ।।

सो गये ग़म के आगोश में

ख़्वाब पलकों में सब बन्द कर ।।

सारे झगड़े मिटा देंगे हम

अब तो आपस में ही बात कर ।।

## 38

गुलदस्तों की भेंट सदा दी पर पत्थर पाये ।

जिस का नज़र नज़ारा चाहे नज़र नहीं आये ।।

सहरा सहरा चला किये पर्वत पर्वत भटके

वैरी मन यह क़दम क़दम कितनी ठोकर खाये ।।

गीली रातें सहर शबनमी सीली सीली भोर

तितली के पर से पानी मोती सा झहर जाये ।।

खाली हुई समय की गागर सदियाँ बीत गयीं

दर्द भरी लम्बी रातों ने पहर कई पाये ।।

यादें हैं कब्रें हैं आँसू भरे सिलसिले हैं

मुल्के अदम गये जो वो फिर लौट नहीं आये ।।

भीगी भीगी आँखें अरमाँ करवट लेते हैं

सदियाँ हुईं होंठ पपड़ाये कभी न मुस्काये ।।

सीना ताने खड़ा रहा वो आँधी तूफ़ां में

है किस में हौसला कि जा कर उस से टकराये ।।

## 39

आँधियों ने है गुलशन मेरा तबाह किया।

मुस्कुराते हैं तो लगता है ज्यों गुनाह किया ।।

बीच रस्ते में तू ने छोड़ दिया साथ मगर

हमने तो प्यार है तुझ से ही बेपनाह किया ।।

लोग दो चार कदम साथ नहीं चल पाते

दिल के रिश्ते का हम ने उम्र भर निबाह किया ।।

मसर्रतें हैं बहुत खूब तबस्सुम भी है

हम ने पर सिर्फ मुहब्बत की तेरी चाह किया ।।

था लगा रक्खा दुश्मनों को भी तो सीने से

लोग कुछ भी कहें हम ने नहीं परवाह किया ।।

अक्स बन कर के सदा रहते थे दिल मे जिस के

तोड़ कर आईना उस ने ही सरे राह किया ।।

था न मालूम कि किस ओर है मंजिल अपनी

थाम कर हाथ सभी ने हमें गुमराह किया ।।

## 40

यूँ हँसते हैं रोते हैं कराहते हैं ।

तुझे हम मुहब्बत बहुत चाहते हैं ।।

जहर ज़िंदगी में घुल है बहुत पर

इसे तो हमीं ऐसे निबाहते हैं ।।

कहीं चैन की दो घड़ी मिल गयी तो

तहे दिल से हम उस को सराहते हैं ।।

ये इश्को मुहब्बत खुशी चैन दिल का

ख़ुदा ने जो बख्शी वो नियामतें हैं ।।

न हमदर्दियां जुर्म होतीं कभी भी

ख़ुदा पाक का है करम राहतें हैं ।।

अभी भी जिगर में हैं तूफ़ान उठते

मगर हम भटकना नहीं चाहते हैं ।।

वगरना किसी के भी हम हो ही जाते

दिलों के जो रिश्ते हैं निबाहते हैं ।।

# 41

शमा जली गुपचुप आंखों से ढला किये आँसू ।

रहे जिंदगी में काँटों पर चला किये आँसू ।।

कतई रात रो रो कर लमहा लमहा दिन बीता

सनम न आये तो यादों से मिला किये आँसू ।।

लगे हुए दिल के जख्मों को किस को दिखलायें

खिला तबस्सुम लब पर दिल को छला किये आँसू ।।

चुभा दर्द परवानों का है शायद इसीलिये

जली शमा सँग धीरे धीरे जला किये आँसू ।।

घिरे हुए हैं ग़म के बादल दिल दिमाग पर भी

झुकी निगाहों में मोती से पला किये आँसू ।।

चली बात जब जब तेरी दिल फूट फूट रोया

बिना तुम्हारे निशि दिन बहते खला किये आँसू ।।

जली आग विरहा की दिल को झुलसा ही जाती

बहे नयन से बह कर उस का भला किये आँसू ।।

## 42

तुम ने नग़मे न सुने फिर भी सुनाने हैं मुझे ।
दर्द है रिसते हुए जख़्म दिखाने हैं मुझे ।।

तुम जो कह दोगे तो पल भर में बदल जायेंगे
बस इशारों के वे ठहराव रिझाने हैं मुझे ।।

लोग ऐसे भी तो बस यूं ही जिये जाते हैं
उन की खातिर नये अलाव जलाने हैं मुझे ।।

जानता ही नहीं जो दर्द टूट जाने का
ऐसे दिल में नये जज़्बात जगाने हैं मुझे ।।

तुम से हूँ दूर मुहब्बत की है ये मजबूरी

अपने ऊपर ही तो इल्ज़ाम लगाने हैं मुझे ।।

क़ब्र पर जिन के सजे फूल न शम्मा ही जली

उन के ही मक़बरे इस बार बनाने हैं मुझे ।।

अब ज़माने में हसरतें भी बिका करती हैं

अपने अरमानों के बाज़ार सजाने हैं मुझे ।।

# 43

यादों में यूँ ही रहना।

बस अलविदा न कहना ।।

इतनी सी इल्तिज़ा है

दिल के करीब रहना ।।

पूरी न हुई ख़्वाहिश

उसका न दर्द सहना ।।

रुकता नहीं है दरिया

उस का है काम बहना ।।

कब राह ठिठकती है

आगे ही बढ़ते रहना ।।

तूफ़ान जब उमड़ता

है झोंपड़ी को ढहना ।।

रातें न हों अँधेरी

है चाँद उस का गहना ।।

## 44

दर्द उस ने बहुत सहा होगा ।

तब कहीं जा के कुछ कहा होगा ।।

कितने दरिया निकल गए होंगे

जल हिमाला का यूँ बहा होगा ।।

कुछ तो मकसद जरूर था उस ने

हाथ यूँ ही नहीं गहा होगा ।।

रोज़ पीपल उगे दिवारों पर

तब कहीं जा के घर ढहा होगा ।।

क़त्ल चुपचाप देखने वाला

वो अकेला नहीं रहा होगा ।।

दर्द दिल का समेटने के लिये

हमसफ़र मान कर कहा होगा ।।

ग़म ने जब तोड़ दीं हदें सारी

अश्क़ आंखों से तब बहा होगा ।।

## 45

चाँद आधा बड़ा सुहाना है।

सब के दिल में किये ठिकाना है ।।

ज़िंदगी जख़्म है कई देती

हम को हर हाल मुस्कुराना है ।।

खूबसूरत कोई लम्हा कोई ग़म

ये भी जीने का इक बहाना है ।।

जिस को हर शै है गुनगुनाने लगी

टूटे दिल का वो इक तराना है ।।

कर रही हैं हवायें सरगोशी

हर किसी को सफ़र पे जाना है ।।

ज़िंदगी की हसीन राहों पर

खुद को ही हमसफ़र बनाना है ।।

राह काँटों भरी है उल्फ़त की

अपनी हिम्मत को आजमाना है ।।

लाख हों बंदिशें ज़माने की

उन को दिल के करीब लाना है ।।

दिन क़यामत का जब भी आयेगा

रब को ही फैसला सुनाना है ।।

## 46

ज़िंदगी बूँद है ढलना होगा ।

दर्द पर्वत है पिघलना होगा ।।

आँधियाँ आयें या तूफ़ान उठे

रात भर दीप को जलना होगा ।।

ढल न जाये कहीं सबर खो कर

अश्क़ को आँख में पलना होगा ।।

राह काँटों भरी है मुश्किल भी

हम को हर हाल में चलना होगा ।।

वक्त बेकार यदि गंवाया तो

हाथ खाली यूँ ही मलना होगा ।।

दिल में शॉल जो अहद का भड़के

तो हिमालय को भी गलना होगा ।।

मुर्दा तारीख बदलने के लिये

एक तूफ़ान मचलना होगा ।।

खा न जाये कहीं फरेब कोई

खुद को इस वास्ते छलना होगा ।।

रौशनी मिलती रहे दुनियाँ को

शम्मा को यूँ ही पिघलना होगा ।।

## 47

जो मिली जिंदगी नियामत है ।

प्यार के बोल भी इबादत है ।।

दे जरा सी खुशी बदल जाना

वक्त की ये ही बुरी आदत है ।।

ओस है काँप रही फूलों पर

की हवाओं ने कुछ शरारत है ।।

सरहदों पर हैं जो हुए कुर्बां

याद उनकी भी इक शहादत है ।।

चश्म ए नम पे न इल्ज़ाम कोई

अश्क़ आंखों की ही विरासत है ।।

थरथराते हैं होंठ फूलों के

तितलियों में बड़ी नज़ाकत है ।।

झींसियां गिर रही हैं थम थम के

इन घटाओं में भी नदामत है ।।

# 48

अरमाँ जगते हैं कुछ ख़्वाब मचलते हैं ।
दीपक यादों के अब दिल में जलते हैं ।।

सुस्ता लेते उस बरगद की छाया में
जिस पर अब भी कई परिन्दे पलते हैं ।।

हाथ पकड़ कर हम कुछ बीते लम्हों का
जीवन की सुनसान डगर पर चलते हैं ।।

लहरें सब दिन रात धमकियाँ हैं देती
जब भी हम नदिया के तीर निकलते हैं ।।

ख्वाबों के सब लिये खिलौने खेल रहे

इन से ही लोगों के हृदय बहलते हैं ।।

इंसा के जब पाँव बढ़ चले राहों पर

डगमग करते बारम्बार सँभलते हैं ।।

रिश्ता खूब अजब है शशि का सूरज से

साथ कभी उगते हैं और न ढलते हैं ।।

## 49

मेघ खण्ड ले बल खाता सावन आया।
रिमझिम रिमझिम इठलाता सावन आया।।

सिहराती बरखा भी आग लगा देती
रोआँ रोआँ सुलगाता सावन आया।।

छम छम करती नाच रहीं जल की बूँदें
मोती मोती बिखराता सावन आया।।

प्यासी धरती की छाती फटने लगती
प्यास युगों की सरसाता सावन आया।।

सूखे पत्तों को हरियाली सौंप रहा

धरती अम्बर महकाता सावन आया ।।

चातक पंछी टेर रहे डाली डाली

दादुर घुँघरू छनकाता सावन आया ।।

ग्रीष्म रोग सब असहनीय होने लगते

बूँद सुधा की बरसाता सावन आया ।।

# 50

माँ बिना और प्यार कौन करे ।

हर खिज़ा को बहार कौन करे ।।

देख चेहरा उदास बच्चे का

प्यार यूँ बेशुमार कौन करे ।।

मिल गयी जिंदगी में ही जन्नत

मौत का इंतज़ार कौन करे ।।

सर पे माँ बाप का रहे साया

तो खुशी से क़रार कौन करे ।।

पा के हमदर्द छलक जाते हैं

अश्क़ को राज़दार कौन करे ।।

जो गले लग के दग़ा कर जायें

दोस्त उन को शुमार कौन करे ।।

माँ के आँचल तले सुकून मिला

अब मसर्रत उधार कौन करे ।।

## 51

किसी दुश्मन से वादा क्यूँ करें हम ।

गलत कोई तमन्ना क्यूँ करें हम ।।

रहे जो साथ मेरे अजनबी सा

किसी ऐसे से झगड़ा क्यूँ करें हम ।।

टिके हैं पाँव जब अपने जमीं पर

फ़लक का फिर इरादा क्यूँ करें हम ।।

किये सम्बन्ध निभ जायें बहुत है

नया ग़ैरों से रिश्ता क्यूँ करें हम ।।

दिया रब ने हमें  जितना नहीं कम

मिले ग़म का फ़साना क्यूँ करें हम ।।

नहीं तकदीर  देती  साथ  है तो

लकीरों पर भरोसा क्यूँ करें हम ।।

निगाहों में हज़ारों  ख़्वाब जन्मे

हक़ीक़त हों तमन्ना क्यूँ करें हम ।।

## 52

हो मौत सामने तो क्या काम मुहब्बत का ।
अब छोड़ मोह माया कर काम इबादत का ।।

बचपन में खेल खेले कितने किये झमेले
अब उम्र हो गयी तो क्या काम शरारत का ।।

दुश्मन है खटखटाता जब द्वार सरहदों के
देना जवाब बढ़कर क्या काम शराफ़त का ।।

सौग़ात रहे देते हम उन को मुहब्बत की
कुछ स्वाद तो चखा दो उनको भी अदावत का ।।

करते हैं काम  अपना  हर बार सलीके से

छोड़ा न कभी दामन हमने है नफ़ासत का ।।

कर बादलों का घूँघट बरखा चली बरसने

मुँह खोल नहीं पाती अंजाम ये आदत का ।।

घर बार सभी छोड़ा परिवार को भुलाया

है फ़र्ज़  किया पूरा  ले नाम शहादत का ।।

## 53

हम को रुसवा बहुत किया तुम ने ।

ये बताओ कि क्या किया तुम ने ।।

रात बाकी है चाँद भी गुम है

फिर दिया क्यूँ बुझा दिया तुम ने ।।

बाजियाँ खेल रहे किस्मत की

अब तो सब कुछ गंवा दिया तुमने ।।

एक परदा था हया का रहता

वो भी क्यूँकर हटा दिया तुम ने ।।

जीस्त भटकी है रेगजारों में

कैसा मंजर दिखा दिया तुम ने ।।

आशियाँ भूल जो गया अपना

उस को घर का पता दिया तुमने ।।

सामने रब के है किया सिजदा

खौफ़ कितना बढ़ा दिया तुमने ।।

## 54

बिना तुम्हारे गुमसुम रहना अच्छा लगता है ।

चुप रह कर सारे ग़म सहना अच्छा लगता है ।।

पीर तड़पती है सीने में आग है भड़कती

अश्कों का आंखों से बहना अच्छा लगता है ।।

ख़्वाब तुम्हारे चोले बदल बदल कर हसीन आते

यादों की वादी में रहना अच्छा लगता है ।।

तुम क्या गये साथ में सारा साज सिंगार गया

अब हम को काँटों का गहना अच्छा लगता है ।।

सब कुछ नया लुभाने वाली बात पुरानी सी

अब पर हम को पहन पुराना अच्छा लगता है ।।

रोज़ बनाते थे ख्वाबों की एक इमारत हम

पर अब ख़्वाब महल का ढहना अच्छा लगता है ।।

## 55

उसके वादे पे ऐतबार किया।

हम ने इक बेवफ़ा से प्यार किया ।।

उसने यूँ ही नहीं जलायी शमा

रौशनी से भी कुछ क़रार किया ।।

आँख ने दिल का आईना बनकर

यूँ इशारा तो कई बार किया ।।

खौफ़ हमको नहीं ज़माने का

तेरी ज़ुल्फ़ों ने गिरफ़्तार किया ।।

हो न ज़हमत पता बताने की

जानता है वो जिसने प्यार किया ।।

वो तो सब कुछ भुलाये बैठा है

याद हम ने ही कई बार किया ।।

तुम कहा करते हो इक़रार करो

कब भला हम ने है इनकार किया ।।

# 56

बहुत अजीज़ का होता यूँ एहतराम नहीं ।
भुला दें हम उसे ये तो  हमारा काम नहीं ।।

जो खुशबुओं का है झोंका इधर भटक आया
हवाओं पर  भी  कहीं  पर  हमारा  नाम नहीं ।।

भरा ख़तों का है मज़मून मुहब्बत से मगर
है किसी और की खातिर मेरा पैग़ाम नहीं ।।

झँपे जो आँख तो हो शाम जब खुले तो सहर
मेरी तकदीर  में  पर  ऐसी  सुबहो  शाम नहीं ।।

खुले हैं रास्ते पहाड़ियाँ औ चौराहे

भटकते पाँव को मिलता कहीं मुक़ाम नहीं ।।

ढले जो शाम छलक जाते हैं पैमाने मगर

किसी साकी के हाथ में है मेरा जाम नहीं ।।

सुने फ़साने तो भर आयी हैं आँखें मेरी

किसी भी लफ्ज़ में उस के मेरा पयाम नहीं ।।

## 57

दुनियाँ में हम अपने खयाल बाँट रहे हैं ।

लोगों में चुनिन्दा सवाल बाँट रहे हैं ।।

सब ग़मज़दा हैं आओ चलो भूल भी जायें

जो दर्द भुला दे धमाल बाँट रहे हैं ।।

हाँ दूर करेगी ये अँधेरा जहान का

अश्क़ों से जला कर मशाल बाँट रहे है ।।

शर्मिंदा थी खुदी से खुदकुशी जो कर गयी

पर लोग ये कैसा बवाल बाँट रहे हैं ।।

है मंजिले मक़सूद की उम्मीद सभी को

मंजिल बुलाये वो कमाल बाँट रहे हैं ।।

कर दे सभी को एक सा हर फ़र्क मिटा दे

होली पे हम ऐसा गुलाल बाँट रहे हैं ।।

दहलीज़ के भीतर से खड़ी देख रही जो

बेटे उसी माँ का जलाल बाँट रहे हैं ।।

## 58

मिल ही पाती न राह है कोई।

दर्द जैसे कि आह है कोई ।।

मुस्कुराते हैं तो यूँ लगता है

जैसे हँसना गुनाह है कोई ।।

ऐसा मंज़र दिखाया किस्मत ने

जैसे गुलशन तबाह है कोई ।।

उस की क्या खासियत बतायें हम

शख़्सियत ही सियाह है कोई ।।

उस ने अपना लिया बदी को यूँ
जुर्म जैसे पनाह है कोई ।।

उस के रिश्ते में इतनी गाँठें हैं
बेसबब सा निबाह है कोई ।।

जो भी कहता है दिल से कहता है
उस की तारीफ़ वाह है कोई ।।

कर लिया दिल में यूँ ठिकाना है
जैसे वो ख़्वाबगाह है कोई ।।

टिक ही पाता नहीं वो एक जगह
जैसे भटकी निगाह है कोई ।।

## 59

हमको हर सुबह से हर शाम से डर लगता है ।

जिंदगी अब तो तेरे नाम से डर लगता है ।।

ख़त नहीं आता तो बेचैन हैं रहा करते

और आता है तो पैग़ाम से डर लगता है ।।

शाम ढलती है तो जल उठते हैं जुगनू के दिये

सुबह सूरज के एहतराम से डर लगता है ।।

था किसी और के हिस्से का जो साकी ने दिया

अब मुहब्बत के हर इक जाम से डर लगता है ।।

एक दिन के लिये आती है गुलों में रंगत

शाम ढलती है तो अंजाम से डर लगता है ।।

हम को तारीकियाँ अच्छी लगें ऐसा तो नहीं

रौशनी के मगर मुकाम से डर लगता है ।।

तू न नग़मे हमे उल्फ़त के दे मगर मौला

बिला वज़ह दिये इल्ज़ाम से डर लगता है ।।

# 60

कितने शाम सहर देखे ।

मरते रोज़ बशर देखे ।।

हम ने गांव की गलियों में

उगते कई नगर देखे ।।

रहन तिश्नगी दरिया में

प्यासे खूब भँवर देखे ।।

मज़हब और सचाई के

दामन खूं से तर देखे ।।

मिटने के डर से सहमे

अहसासों के घर देखे ।।

वक्त पड़ा मुँह फेर गये

ऐसे भी रहबर देखे ।।

शीशे के घर वालों के

हाथों में पत्थर देखे ।।

## 61

दिल तो छलनी हुआ ग़म से सुकूँ पाने आया ।
जो भी आया यहाँ  बस  जख़्म लगाने आया ।।

हम चिरागों को तलाशा किये तारीकी में
और झोंका हवा का शम्मा बुझाने आया ।।

थी न बाक़ी कोई उम्मीद जिन्दगानी में
घुप अँधेरों में दिया कोई जलाने आया ।।

यूँ तो खुदगर्ज़ ही हर शख्स मिला है हमको
जिस को देखा वही औरों को मिटाने आया ।।

दामने तर में थे शिक़वे भी और आँसू भी

जो भी आया मेरी आँखों को रुलाने आया ।।

वो मसर्रत का था क़तरा जो छू गया दिल को

अश्क़ थे आँख में होठों को हँसाने आया ।।

पूछना है यही रब से जो इतने ग़म बख्शे

भीगे होठों पे क्यों मुस्कान खिलाने आया ।।

## 62

बिन समन्दर रहा नहीं जाता ।

अब नदी से बहा नहीं जाता ।।

इन्तेहा दर्द की दवा कब है

दर्द इतना सहा नहीं जाता ।।

इतनी पाबन्दियाँ लबों पर हैं

हाले दिल भी कहा नहीं जाता ।।

पीर उठती थी ग़ज़ल कहते थे

अब तो कुछ भी कहा नहीं जाता ।।

तुम मिलो तो ये खला भर जाये

बिन तुम्हारे रहा नहीं जाता ।।

दर्द सैलाब दिल समन्दर है

चश्मे नम से बहा नहीं जाता ।।

चाहते हैं कि भूल जायें पर

दर्द यह बारहा नहीं जाता ।।

# 63

मुहब्बत में कोई सयाना नहीं है ।

मगर बेवफ़ा से निभाना नहीं है ।।

लगे दिल की वादी में हैं फूल खिलने

ये माना कि मौसम सुहाना नहीं है ।।

न जाने कहाँ किस पे आ जाये ये दिल

मुहब्बत का कुछ भी ठिकाना नहीं है ।।

बहुत खूबसूरत है अंदाज़ उन का

हक़ीक़त है कोई फ़साना नहीं है ।।

चले आइये दिल की महफ़िल सजी है

किसी को यहाँ आज़माना नहीं है ।।

जरा दिल के जज़्बात को भी समझ लो

मुहब्बत का अंजाम पाना नहीं है ।।

हमेशा मदद कर रहे दूसरों की

भलाई का लेकिन ज़माना नहीं है ।।

## 64

आ भी जा पास अब मेरे मोहन ।
अब तुझे टेरने लगा है मन ।।

रात काली डरा रही है हमें
बिन तुम्हारे नही कटे जीवन ।।

राधिका आ बसो भवन मेरे
है सुहाना बड़ा सुघर आँगन ।।

वक्त करवट बदल रहा है यूँ
ग्रीष्म के बाद आ गया सावन ।।

साँवरा बस रहा खयालों में

स्वप्न में देखती रहूँ मधुबन ।।

आज गउएँ पुकारतीं तुझ को

बन रहीं आज वे स्वयं भोजन ।।

टेर द्रुपदा की थी सुनी तू ने

हर गली आज फिरें दुर्योधन ।।

बन गयी आज नली नाले सी

नीर यमुना नहीं रहा पावन ।।

एक यदि भ्रू विलास हो तेरा

तो बचें वृक्ष नीर औ गोधन ।।

## 65

जीवन में हर मोड़ न मिलता मनभाया ।

जिस ने इसको जिया उसी ने है पाया ।।

धूप तपाती लूह कभी झुलसा देती

और कभी सर पर हो मेघों की छाया ।।

छाया सघन वनों की है मन हर लेती

जैसे सर पर हो अपनों का सरमाया ।।

निशि में चटक चाँदनी जब झूला झूले

लगता है मन को जैसे सावन आया ।।

भाव कली खिल उठी हृदय के आंगन में

पल भर में सारा अंतर्मन महकाया ।।

सरिता की लहरों सँग खेल रहा चन्दा

रात चाँदनी ने है शायद धमकाया ।।

राह निहारा करती है नित साजन की

लेकिन प्रिय का दर्श नहीं अब तक पाया ।।

# 66

नजर ये तुम्हारी कटारी लगे।

कलेजे पे जैसे दुधारी लगे।।

नहीं दीखता कुछ तुम्हारे सिवा

हृदय में बसी छवि तुम्हारी लगे।।

चले आओ डालो इधर इक नजर

मुहब्बत तुम्हारी बिचारी लगे।।

निगाहें उठा कर इधर देख लो

बड़ी ये मुसीबत की मारी लगे।।

नहीं नींद आती हमें रात भर

भरी आँख में नित खुमारी लगे ।।

सुहाये न सावन तुम्हारे बिना

हिना दुश्मनों की निहारी लगे ।।

जरा आओ मोहन मेरे ख़्वाब में

मुझे हर बला अब तुम्हारी लगे ।।

# 67

सोच कर पाँव अपने उठाया करो ।

दोष मत दूसरों पर लगाया करो ।।

दर्द तो इस ज़माने की जागीर है

अश्क़ आंखों से मत यूँ बहाया करो ।।

नेकियाँ जो खुदा ने हमें बख़्शी दीं

यूँ जमाने में उस को न जाया करो ।।

रातरानी महकती रहे रात भर

पौध आँगन में उसकी लगाया करो ।।

हम मिले थे जहाँ पर कभी मीत बन
तुम उसी ठौर पर रोज़ आया करो ।।

यूँ तो रिश्ते बनाना है आसां बहुत
हैं जो रिश्ते उन्हें भी निभाया करो ।।

कद्र करते नहीं हैं जो जज़्बात की
सामने उनके मत गीत गाया करो ।।

चाँद हो तुम बने चाँदनी के लिये
यूँ न जलवे सभी पर लुटाया करो ।।

हैं मुखौटे लगाये यहाँ पर सभी
बार हर यार को आजमाया करो ।।

## 68

किसी दुश्मन से वादा क्यूँ करें हम ।
गलत कोई तमन्ना क्यूँ करें हम ।।

रहे जो साथ मेरे अजनबी सा
किसी ऐसे से झगड़ा क्यूँ करें हम ।।

टिके हैं पाँव जब अपने जमीं पर
फ़लक का फिर इरादा क्यूँ करें हम ।।

बने सम्बन्ध निभ जायें बहुत है
नया ग़ैरों से रिश्ता क्यूँ करें हम ।।

## ख़्वाहिशें

दिया रब ने हमें जितना बहुत है

मिले ग़म का तराना क्यूँ करें हम ।।

नहीं तकदीर देती साथ है तो

लकीरों पर भरोसा क्यूँ करें हम ।।

निगाहों में हज़ारों ख़्वाब जन्मे

हकीकत हों ये ख़्वाहिश क्यूँ करें हम ।।

# 69

तमन्ना थी कभी मेरी गली से भी सनम निकले ।

मगर अब क्या कहूँ उनको वो इतने बेरहम निकले ।।

जनम सातों निभाने का किया वादा था उल्फ़त में

किया जो रूठ कर रब ने किये मुझ पर सितम निकले ।।

सुना कहते जहाँ जन्नत वहाँ खुशियाँ बरसती हैं

न जाने होगा वो कैसे न दिल से ये वहम निकले ।।

परस्तिश की तुम्हारी ख़्वाब में मूरत सजायी पर

विराजे मंदिरों में तुम तो पत्थर के सनम निकले ।।

गली सँकरी है दिल की है नहीं दूजे की गुंजाइश
गुज़र कैसे सके कोई हवा भी जब सहम निकले ।।

गये तुम मोड़ मुड़ कोई भँवर में छोड़ कर मुझको
यही मेरी तमन्ना थी तेरी बाहों में दम निकले ।।

ठहर जायें अगर राहें तो मंजिल किस तरह पायें
न रोको पाँव अब मंजिल की जानिब ग़र कदम निकले ।।

भरी हैं जिंदगी में सब तरफ ही सख्तियाँ बेहद
तलाशें आइये शायद कोई गोशा नरम निकले ।।

चलो इक बार ही बढ़ कर बता दें ख्वाहिशें अपनी
मगर कैसे कहें माहौल ही जब यूँ गरम निकले ।।

# 70

जो गया मुँह फेर कर उस को कहाँ ढूँढूँ ।

रेगजारों में कहाँ उस का निशां ढूँढूँ ।।

लौट कर आता नहीं है जो चला जाये

आसमानों में कहाँ उस का पता ढूँढूँ ।।

बस्तियों को तो जला देते हैं अपने ही

बर्क में जल जाये जो वो आशियाँ ढूँढूँ ।।

मौजे दरिया को भला इल्ज़ाम क्या देना

रेत का घर था ढहा क्यों बारहा ढूँढूँ ।।

वो हमारे रह न पाये बस यही सच है

अब उन्हें ढूँढूँ कि मैं सारा जहाँ ढूँढूँ ।।

दर्द का रिश्ता बनाना कब हुआ आसां

साथ दे जो उम्र भर वो हमनवां ढूँढूँ ।।

रहजनों का खौफ है मुश्किल सफ़र कितना

राह अब ढूँढूँ कि कोई कारवाँ ढूँढूँ ।।

## 71

है दहलीज़ हुई गिरवी फिर  जश्न मनाये कौन ।
खुशियाँ नहीं यहाँ मातम है रस्म निभाये कौन ।।

सावन की  हरियाली से  सब  लेते रिश्ता जोड़
आज खिज़ा का मौसम डाली पर इतराये कौन ।।

आँखे हैं जब छलकाने लगतीं आँसू की बूंद
हो बेरहम ग़मों की बारिश में  मुस्काये कौन ।।

तूफानों ने हर डाली का वजन लिया है छीन
ऐसे में उस की घायल अस्मत सहलाये कौन ।।

धरती पर कुछ बीज गिर पड़े है मिट्टी बेचैन

सींच पसीने से अपने गुलशन महकाये कौन ।।

माहताब को निगल गयी है फिर से काली रात

भूली हुई राह पर आ कर दीप जलाये कौन ।।

सूख गयी धरती नद नाले सूख रहे हैं खेत

लाकर अम्बर में बादल अब जल बरसाये कौन ।।

## 72

इन्तेहा है जुल्म की अपना निशां बदलूँ ।

सोचती हूँ रन करूँ या आशियाँ बदलूँ ।।

चल पड़े हैं हम मुहाफ़िज़ जान कर जिनको

रहजनों की भीड़ है क्या कारवाँ बदलूँ ।।

रेगजारों का सफ़र कटता नहीं यूँ ही

रास्ता बदलूँ कि अपना पासबाँ बदलूँ ।।

रेत है जलने लगी सूखा पड़ा दरिया

चाह बदलूँ या कि ये प्यासी जुबाँ बदलूँ ।।

ख़्वाहिशें

बादलों में आशियाने ही नहीं बनते
ख़्वाब बदलूँ या कि राहे कहकशां बदलूँ ।।

लोग सुनते ही नहीं सच्चाइयाँ दिल की
बात बदलूँ या कि अंदाज़े बयाँ बदलूँ ।।

दूर तक फैला हवाओं का समन्दर है
अश्क़ बदलूँ या कि अब दर्दे निहा बदलूँ ।।

# 73

चाँद तारों में ज्योती रहेगी ।

पीर मन को भिगोती रहेगी ।।

इन चिराग़ों को तुम गुल न करना

ये शमां यूँ ही रोती रहेगी ।।

ख़्वाब में अश्क़ के मोतियों को

रात यों ही पिरोती रहेगी ।।

उस के रुख़सार पर शर्म इतनी

बन के माला का मोती रहेगी ।।

सच औ ईमां निभाना जो चाहो

ज़िन्दगी में चुनौती रहेगी ।।

है बुलंदी बड़ी इश्क़ में पर

आशिकों पर पनौती रहेगी ।।

पग सुदामा के यूँ ही युगों तक

कृष्ण की प्रीति धोती रहेगी ।।

## 74

वक्त की गुमनामियाँ ढूंढ़ा किये ।

भीड़ में तन्हाईयाँ ढूंढ़ा किये ।।

रात है काली अँधेरी और हम

अपनी ही परछाइयाँ ढूंढा किये ।।

कब समय ठहरा किसी के वास्ते

रिश्तों में गहराइयाँ ढूंढा किये ।।

बन्द थे शर्मो हया से लब मगर

इश्क़ में रानाइयां ढूंढा किये ।।

जगमगाया आसमाँ में चाँद जब

सिन्धु में उँचाइयाँ ढूंढा किये ।।

हो गये ख़ामोश थक कर सुर सभी

और हम शहनाइयाँ ढूंढा किये ।।

खूबियाँ देखीं नहीं हैं चाँद की

दाग़ औ बदनामियाँ ढूंढा किये ।।

## 75

दे के फुरकत जो नज़र हुस्न ने फेरी होगी ।

जल गया इश्क़ फ़क़त राख की ढेरी होगी ।।

मुश्किलों में जो बदल जाये बेवफ़ा बन कर

वो मुहब्बत नहीं होगी वो लुटेरी होगी ।।

रहे वफ़ा में सितारों ने रख दिये हैं क़दम

चाँद गुमसुम ये कहे चाँदनी मेरी होगी ।।

नज़र उठी तो क़ायनात जगमगायेगी

पलक झँपेगी तो दुनियाँ ही अँधेरी होगी ।।

सिर झुकायेंगे तो दीदार तेरा कर लेंगें

दिल के आईने में तस्वीर जो तेरी होगी ।।

खुशी खोयी है तो आओ चलो मिल कर ढूंढें

गुमशुदा की तलाश में नहीं देरी होगी ।।

किसको रुसवा न किया कौन न बेज़ार हुआ

वक्त ने किस पे नहीं आँख तरेरी होगी ।।

## 76

शायर हैं शायरी के अदब भूल चुके हैं ।

वो अपने किये सारे अहद भूल चुके हैं ।।

सब कुछ उन्हें मिले ये सभी चाहते हैं पर

देना है जरूरी ये सबक भूल चुके हैं ।।

जिन हाथों में रचती थी हिना फूल महकते

वो हाथ चूड़ियों की खनक भूल चुके हैं ।।

अब भी बड़ी मीठी लगें मेहनत की रोटियाँ

पर लोग पसीने की महक भूल चुके हैं ।।

उनकी ही वादियों में मेरा चाँद गुम हुआ

जो लोग सितारों की  चमक भूल चुके हैं ।।

ख्वाबों में भी उम्मीद कभी की न खुशी की

ज़िंदा हैं मगर  जीने का  हक़  भूल चुके हैं ।।

जिस  को  न  बेक़रार  किया  इंतज़ार ने

वो हिज्र की मीठी सी कसक भूल चुके हैं ।।

## 77

चाँद रूठा बेचारा तुम्हारे लिये ।

कर रहा है इशारा तुम्हारे लिये ।।

थीं सितारों से यूँ तो भरी झोलियाँ

यामिनी को निहारा तुम्हारे लिये ।।

ओस बूँदों की माला पिरोता रहा

ले किरन का सहारा तुम्हारे लिये ।।

ख़्वाब को ले के आगोश में सो गया

नींद को भी पुकारा तुम्हारे लिये ।।

खुशबुएँ रातरानी लुटाती रहीं

खुद हुई बेसहारा तुम्हारे लिये ।।

हर लहर सर पटकती रही तीर पर

है समन्दर कुंआरा तुम्हारे लिये ।।

जिस की खातिर जलायी शमा रात भर

हो न पाया हमारा तुम्हारे लिये ।।

## 78

पीर बनती है हिमाला अब पिघलनी चाहिये ।

नफ़रतों से प्रीति की गंगा निकलनी चाहिये ।।

दुश्मनों ने घेर रक्खी हैं हमारी सरहदें

सीख उनको बदगुमानी की भी मिलनी चाहिये ।।

आइये हम आप मिल कर इक नयी दुनियाँ रचें

आँच नव निर्माण की सीने में जलनी चाहिये ।।

हैं कई सदियों चले जो पाँव अब थकने लगे

पोंछ कर बहता पसीना राह चलनी चाहिये ।।

जो बढ़ातीं दूरियाँ सारी किताबें फूँक दो

रूढ़ियाँ सब ज़िन्दगानी की बदलनी चाहिये ।।

दे चुके कुर्बानियाँ आतंक को हम अनगिनत

अब हुआ काफ़ी ये खूनी रात ढलनी चाहिये ।।

मंजिलें निश्चित तुम्हारी कदम भी मजबूत हैं

हो अगरचे पाँव में लग्जिश सँभलनी चाहिये ।।

## 79

श्वांस की बज रही दुन्दुभी है अभी ।
एक सहरा बनी जिंदगी है अभी ।।

आ गयी रात काली अमावस मगर
हर दिशा में छिपी रौशनी है अभी ।।

क्या कहूँ ज़िंदगी चल रही किस तरह
कैद तट - बन्ध में इक नदी है अभी ।।

उम्र भर हम मनाते रहे प्यार को
रुख़ पे उस के मगर बेरुखी है अभी ।।

धड़कनें दे रही हैं सदाएँ तुझे

लब पे ठहरी हुई तिश्नगी है अभी ।।

क्या हुआ ग़र अँधेरे घिरे आ रहे

चाँद के पास भी चाँदनी है अभी ।।

लो सहर का उजाला दिखाई दिया

ये अलग बात है तीरगी है अभी ।।

## 80

अगर तू साथ दे दे तो मैं तेरी हर कसम रख लूँ।

हमारा है तू दिल में आज फिर मैं ये वहम रख लूँ।।

तेरी जब याद आये तो कलेजा है धड़क जाता

तू मेरे ख़्वाब में आ कैद कर तुझको सनम रख लूँ।।

कभी मिल जाये तू मुझ को सफल हो जिंदगी मेरी

बनें तू हमनवां तो साथ मैं सातों जनम रख लूँ।।

बसा कर ख़्वाब में तुझको पलक मैं बन्द कर लूँगी

तुझे दे कर मसर्रत साथ अपने चश्मे नम रख लूँ।।

सलोने साँवरे तू ने ठिकाना कर लिया दिल में
करूँ छू कर तसल्ली गोद में तेरे कदम रख लूँ ।।

कभी तो टेर सुन भी ले तू अपनी इस दिवानी की
न जाने दूँ तुझे नज़रों में तेरे पेचो खम रख लूँ ।।

खुशी हो जिस में तेरी बस वही मंजूर है मुझ को
तुझे दे कर खुशी मैं साथ तेरे सारे ग़म रख लूँ ।।

## 81

दर्द सीने में जब उठा होगा।

अश्क़ आंखों से भी गिरा होगा।।

शर्म से आँख झुक गयी होगी

उस ने धीरे से कुछ कहा होगा।।

दिल धड़कता बड़ी ही शिद्दत से

उंगलियों ने अगर छुआ होगा।।

रात ने करवटें न लीं होंगी

चाँद बाहों में सो रहा होगा।।

कितनी यादें उभर गयी होंगी

उस का पैग़ाम जब मिला होगा ।।

आँख जिस ख़्वाब को सँवार रही

अश्क़ के साथ बह गया होगा ।।

जब महल छोड़ कर गयी मीरा

दिल ने ये फ़ैसला किया होगा ।।

## 82

खड़ी हूँ मैं द्वार पर तुम्हारे न जाने कब तुम को ध्यान आये
तुम्हारे दर मैं नहीं अकेली यहाँ तो सारा जहान आये ।।

हे कृष्ण गोविंद हरे मुरारे तुम्हे न भक्तों की कुछ कमी है
तुम्हारे द्वारे पे जो भी आये गंवा के वो सारा मान आये ।।

हो राधिका मीरा या कि ललिता सभी तुम्हारा ही प्यार चाहें
सभी समर्पित रहें चरण में सभी को खुद पर गुमान आये ।।

किया इरादा हो जिस ने पक्का वही कृपा पा सका तुम्हारी
कहे कोई कुछ तुम्हारी खातिर लिये हथेली पे जान आये ।।

तुम्हारे चरणों मे सिर झुका है तुम्हे ही है हमने अपना माना
मिलो मुझे ले के प्रीत गिरिधर तुम्हारी वंशी में तान आये ।।

दिया सहारा है जिस को तुम ने अजेय वो हो गया जहाँ में
न शत्रु कोई ही जीत पाये न काल के कर कमान आये ।।

समेट कर सारी इन्द्रियों को तुम्हे कन्हैया पुकारती हूँ
चले भी आओ भुला के गोकुल तो मेरे तन में भी प्रान आये ।।

## 83

तुम जो आओ बहार आ जाये ।

हर कली पर निखार आ जाये ।।

भानु जो आँख खोल दे अपनी

कंज कलियों को प्यार आ जाये ।।

तितलियाँ पर समेट लें अपने

जब भी फूलों पे खार आ जाये ।।

बाढ़ आती नहीं समन्दर में

चाहे जितनी भी धार आ जाये ।।

चाँद के साथ चाँदनी जागी

आँख भर कर खुमार आ जाये ।।

पंक में लो समेट कपड़ों को

हाथ दे रोक वार आ जाये ।।

सत्य की राह यदि चलें सारे

नीतियों में सुधार आ जाये ।।

# 84

अफ़साने मुहब्बत के सुनाये नहीं जाते ।
बर्बादियों के ज़ख़्म दिखाये नहीं जाते ।।

इतना बड़ा जहान लोग किस्म के कई
फल ऐसे भी हैं जो कभी खाये नहीं जाते ।।

खुदगर्जियाँ इंसान को शैतान बना दें
हैवानियत से रिश्ते निभाये नहीं जाते ।।

ख़ौफ़े खुदा था खूबियाँ थीं तुम में वगरना
दुनियाँ में फ़रिश्ते कहीं पाये नहीं जाते ।।

हमदर्दियों के बोल हैं मरहम के सरीखे

कुछ दर्द मगर फिर भी बताये नहीं जाते ।।

कितनी भी कोशिशें करें खुशियों के लिये पर

वो दर्द भरे दिन तो भुलाये नहीं जाते ।।

जो हो गया फ़ना उसे अब कैसे बतायें

ज़िंदा हैं मगर मौत के साये नहीं जाते ।।

## 85

आँखों के घर मे कब आँसू ठहरे हैं ।

किस से अपना दर्द कहें सब बहरे हैं ।।

नम आँखे आँसू पीने की हैं आदी

मेरे दिल के घाव बड़े ही गहरे हैं ।।

दिल का दर्द सुनाना मुश्किल है कितना

अब तो लगे लबों पर लाखों पहरे हैं ।।

गर्दिश में दिन कटे मुफ़लिसी में रातें

देखे पर आँखों ने ख़्वाब सुनहरे हैं ।।

खुशबू से तर भेजे हैं पैग़ाम कई

उन में छिपे कई अनदेखे चेहरे हैं ।।

आँसू कह कर इन्हें नहीं रुसवा करना

गंगाजल हैं कब आँखों मे ठहरे हैं ।।

यादें खिज़ा बहारों की तनहाई की

लेकिन अब उन पर भी सौ सौ पहरे हैं ।।

## 86

एक न इक दिन ये होना है ।

जो पाया है सब खोना है ।।

खेत दिलों के मिलकर जोतें

बीज मुहब्बत का बोना है ।।

नफ़रत की कीचड़ में लिपटा

बस्ती का आँगन धोना है ।।

इतिहासों से नेकी सीखें

भूलों पर न कभी रोना है ।।

देश हितों को देख रहे जो

उन को ही कुर्बां होना है ।।

आँखों में पलने वाला हर

ख़्वाब अजूबा है सोना है ।।

जनता का हित चाह रहे तो

अपने ही सुख को खोना है ।।

# 87

आपसे रूठ कर किधर जायें ।

आपके बिन न कहीं मर जायें ।।

खिल रहे फूल जंगलों में भी

ये अलग बात है बिखर जायें ।।

आपको देख सुकूँ है मिलता

आप कुछ देर तो ठहर जायें ।।

साफ़ अश्कों से हो गयीं आँखें

आईने में दिखें निखर जायें ।।

उन के आने की है सुनी आहट

काश इस ओर से गुज़र जायें ।।

दर्द इतना सहा नहीं जाता

क्यों न अब आख़िरी सफ़र जायें ।।

मेरी मैय्यत मेरे जनाज़े में

क्यों न वो हो के बेख़बर जायें ।।

# 88

उल्फ़त का तेरे सामने इज़हार कर दिया ।

तूने न जाने किसलिये इनकार कर दिया ।।

यादें हैं तसव्वुर है औ  ख़्वाबों के वलवले

सर की तेरे जुम्बिश ने है बेकार कर दिया ।।

सोचा  गुजार  लेंगे  बिना  तेरे  जिंदगी

दिल ने मगर तेरा ही तलबगार कर दिया ।।

आतीं हजार ख़्वाब लिये रोज़ ही रातें

यादों ने चुरा नींद ली  बेज़ार कर दिया ।।

खुद से भी छुपाते रहे हम राज़े ज़िन्दगी

तुमने जरा सी बात को अख़बार कर दिया ।।

थी हौसलों की कोई कमी दिल मे तो नहीं

फुरकत के दर्द ने हमें लाचार कर दिया ।।

है मान लिया हम ने भी इल्जाम इश्क़ का

नज़रों ने ज़माने की गुनहगार कर दिया ।।

## 89

ये अचानक ही क्या माज़रा हो गया ।

जो हमारा था हम से जुदा हो गया ।।

राह बाकी बहुत पांव थकने लगे

रास्ता जिंदगी का जुआ हो गया ।।

नाव सागर में तो है उतारी मगर

साथ औरों के है नाखुदा हो गया ।।

हम खयालों में उस के ही जीते रहे

फिर भी है जाने क्यों वो खफ़ा हो गया ।।

मोड़ मिलते गये उलझनें बढ़ गयीं

हर बशर इस जगह गुमशुदा हो गया ।।

अपने वादों से है अब मुकरने लगा

यार शायद मेरा बेवफ़ा हो गया ।।

राह में ख़ार के सिलसिले मिल रहे

कितना मुश्किल मेरा रास्ता हो गया ।।

# 90

गये दूर उन को ज़माने हुए हैं ।

मुलाक़ात के दिन पुराने हुए हैं ।।

बसा ली है जब आसमानों पे दुनियाँ

बहुत दूर उन के ठिकाने हुए हैं ।।

कभी मुस्कुराना कभी गीत गाना

फ़क़त ज़िंदगी के बहाने हुए हैं ।।

जिन्हें ज़िंदगी दी वही काट देते

दरख़्तों के कैसे फ़साने हुए हैं ।।

ये खामोशियाँ हैं लगीं बोलने अब

अजब तीरगी के तराने हुए हैं ।।

शबे हिज्र के हाथ में हैं कमानें

हमीं रोज़ उन के निशाने हुए हैं ।।

भुला ही चुके हैं वो शायद हमें तो

मगर हम उन्हीं के दिवाने हुए हैं ।।

## 91

कुछ तो जीने का बहाना चाहिये ।

बेवजह भी मुस्कुराना चाहिये ।।

जो जिये केवल खिज़ा की गोद में

उन को भी मौसम सुहाना चाहिये ।।

हाथ में जिन के लकीरें दर्द की

कुछ उन्हें भी गुनगुनाना चाहिये ।।

उम्र बीती जा रही फुटपाथ पर

अब उन्हें भी आशियाना चाहिये ।।

हो न आँगन में कोई दीवार अब

मिल सभी को दिन बिताना चाहिये ।।

नफ़रतों की आज फिर होली जले

दीप उल्फ़त का जलाना चाहिये ।।

आ रहे जो दिन सँवारें सब उसे

प्यार की दुनियाँ बसाना चाहिये ।।

## 92

आकर जो चली जाये न ऐसी बहार दे ।

ऐ दोस्त जिन्दगी में  जरा  तो क़रार दे ।।

दिन हिज्र के किस तरह बितायें ये बता जा

लम्हे  हसीन  प्यार  के  कुछ  यादगार दे ।।

सुनते हैं मुहब्बत का नशा तेज बहुत है

चढ़ के न जो उतरे  मुझे ऐसा खुमार दे ।।

सोया है अनमना सा मेरा यार कफ़स में

लिल्लाह उसे अब  तो  सुकूँ  बेशुमार दे ।।

डरता है तो उल्फ़त की राह पे न रख क़दम

बढ़ना है रहे इश्क में तो जाँ निसार दे ।।

ये जिंदगी की राह उसी की अजीज़ है

जो रंज की घड़ी भी खुशी से गुजार दे ।।

आ हाथ थाम ले है ये काँटों की रहगुज़र

पल भर के वास्ते मेरी दुनियाँ सँवार दे ।।

# 93

तुझ को  अपने करीब पाया है ।

जब भी दिल ने तुझे बुलाया है ।।

जब किनारा किया ज़माने ने

साथ तुम ने  सदा निभाया है ।।

हीर  अब भी है अकेली बेहद

फिर कोई कैज़ चोट खाया है ।।

चीर  सीना  अँधेरी  रातों  का

चाँद फिर आसमाँ पे आया है ।।

अब है खारों भरी डगर मेरी

सिर्फ तूने मुझे बचाया है ।।

हाथ गिरते का कौन अब थामे

सब ने नीचे ही तो गिराया है ।।

जिसको दुत्कार दिया है सब ने

उसपे रहमत का तेरी साया है ।।

# 94

आप क्यो इस तरह हैं खफ़ा हो गये ।

दिन हमारे लिये सब कज़ा हो गये ।।

रात कटती नहीं दिन गुजरते नहीं

जीस्त के सब नज़ारे सज़ा हो गये ।।

उम्र भर साथ देने का वादा किया

दो कदम साथ चल के जुदा हो गये ।।

वो चमन रंगों बू वो हसीं वादियाँ

सारे दिलकश नज़ारे फ़ना हो गये ।।

खींचते हैं लकीरें मुकद्दर की अब

आप जैसे हमारे खुदा हो गये ।।

कोई उम्मीद रखना मुनासिब नहीं

क्या कहें लोग हैं बेवफ़ा हो गये ।।

आपसे यों बिछड़ कर है जीना पड़ा

अपनी नज़रों में ही गुमशुदा हो गये ।।

# 95

हमे हैं इश्क़ में ये दूरियाँ अच्छी नहीं लगतीं ।
करे जो वक्त वो गुस्ताखियाँ अच्छी नहीं लगतीं ।।

खिला कर गुलमोहर टेसू लगा दे आग सीने में
हमें मौसम की ये बदमाशियाँ अच्छी नहीं लगतीं ।।

भड़कते हिज्र के शोले कलेजा फूँक देते हैं
हवाओं की छुपी सरगोशियाँ अच्छी नहीं लगतीं ।।

अगर है बोलता कोई तो जैसे दिल दहलता है
रहें चुप लोग तो खामोशियाँ अच्छी नहीं लगतीं ।।

तुम्हारे बिन नहीं कुछ खूबसूरत है ज़माने में
नज़ारों में छुपी रानाइयाँ अच्छी नहीं लगतीं ।।

गमकती ढोल थापों पर झनकते पायलों के स्वर
कहें क्या अब हमें शहनाइयाँ अच्छी नहीं लगतीं ।।

गया मुल्के अदम है जो उसे कैसे बुलायें हम
चले आओ कि अब तनहाइयाँ अच्छी नहीं लगतीं ।।

बिना कोई वजह हम तुम चला करते थे मीलों तक
मगर अब वो सभी नादानियाँ अच्छी नहीं लगतीं ।।

## 96

किस जगह सर है झुका याद नहीं ।

कौन है अपना ख़ुदा याद नहीं ।।

प्यार तलवार की है धार सुनो

कौन कब इस पे चला याद नहीं ।।

वो मुलाक़ात जहन में है मगर

हम हुए कैसे जुदा याद नहीं ।।

हम चमन के ही तलबगार रहे

ख़ार पाँवों में चुभा याद नहीं ।।

टीस सी दिल में उठा करती मगर

कब दिया किस ने दग़ा याद नहीं ।।

लोग बातें हैं बनाने यूँ लगे

जख़्म सीने में हुआ याद नहीं ।।

जो बचाती है मुसीबत से हमें

किस ने दी है वो दुआ याद नहीं ।।

## 97

पाँव चलते हुए थके हैं अब ।

दीप सब राह के बुझे हैं अब ।।

हमने जाने की ठान ही ली है

रास्ते किसलिये रुके हैं अब ।।

ऐंठ कर आसमाँ में चलते थे

चोट खा कर जरा झुके हैं अब ।।

खूब मनमानियाँ किया करते

सख़्त शासन हुआ डरे हैं अब ।।

प्यार की इक निगाह ही डालो

बस मुहब्बत के आसरे हैं अब ।।

हैं तबस्सुम सजाये होठों पर

अश्क़ आंखों में ही भरे हैं अब ।।

गुम हुई है कहीं अना अपनी

हम उसे ढूँढने चले हैं अब ।।

## 98

कब नज़ारों को नींद आती है ।
रब के प्यारों को नींद आती है ।।

जागते रहते आँख के तारे
जब सितारों को नींद आती है ।।

थक गया दर्द से तड़प कर दिल
ग़म के मारों को नींद आती है ।।

फूल सोते हैं उन्हें सोने दो
पर क्यों खारों को नींद आती है ।।

घेर लेती खिज़ा है गुलशन को

अब बहारों को नींद आती है ।।

सो भी जा तू कि सो गयी दुनियाँ

चाँद तारों को नींद आती है ।।

जीत लेते हैं जंग जीवन की

उन की हारों को नींद आती है ।।

## 99

सब झगड़े बेदम हो जायें।

यदि मैं तुम मिल हम हो जायें ।।

सुख के हर पल को फैला लें

दुख की बातें कम हो जायें ।।

जब दूजा खुश हो तब अपनी

सुख से आँखें नम हो जायें ।।

दोनों ही ग़र माफ़ी मांगें

सब शिक़वे बेदम हो जायें ।।

अश्क़ छिपा जब हँस दें दोनों

खुशगवार मौसम हो जायें ।।

भिन्न दिशाओं से आयें तो

नदियों के संगम हो जायें ।।

जो न बहें प्यासी आँखों से

अश्क़ सिमट कर ग़म हो जायें ।।

# 100

तुम्हारी जीत मेरी हार नहीं बन पायी।

आह दिल की कभी पुकार नहीं बन पायी ।।

दिल में नन्हीं सी कली थी जो आरज़ू की खिली

तेरे गुलशन की वो बहार नहीं बन पायी ।।

दोनों हाथों ने थी रच रच के लगायी मेंहदी

किसी दुल्हन का पर सिंगार नहीं बन पायी ।।

करवटें यूँ भी तो बदला किये हैं रातों में

याद कोई मगर क़रार नहीं बन पायी ।।

जलजले भी हैं बगूले भी रेत के उड़ते

बूँद पर चैन की फुहार  नहीं बन पायी ।।

जिस को शिद्दत से सँवारा किये थे ख़्वाबों में

वो कल्पना किसी  का  प्यार  नहीं  बन पायी ।।

वो समन्दर में ज्वार बन  के  उठा करती है

जो न दरिया की है मझधार कभी बन पायी ।

## 101

यादों का सिलसिला दूर तक ।

ग़म साथी बन मिला दूर तक ।।

जब भी कोई गिरा फिसल कर

फूल हँसी का खिला दूर तक ।।

अन्धकार से लड़ने आया

यादों का काफ़िला दूर तक ।।

भूला सुबह शाम घर आया

अब शिक़वा ना गिला दूर तक ।।

ठहरा ठहरा दर्द कसकता

जख़्म न कोई सिला दूर तक ।।

खुश हों जहाँ किसानों के दल

है न कहीं भी जिला दूर तक ।।

इतनी उमस पवन है खोया

पात न कोई हिला दूर तक ।।

यूँ तो बहुत बहादुर है पर

जीत न पाया किला दूर तक ।।

www.ingramcontent.com/pod-product-compliance
Lightning Source LLC
LaVergne TN
LVHW050405160726
843469LV00041B/956

* 9 7 8 9 3 5 5 5 9 1 0 1 2 *